L'ENNUI

ÉTUDE PSYCHOLOGIQUE

L'ENNUI

ÉTUDE PSYCHOLOGIQUE

PAR

ÉMILE TARDIEU

DEUXIÈME ÉDITION, REVUE ET CORRIGÉE

PARIS
LIBRAIRIE FÉLIX ALCAN
108, BOULEVARD SAINT-GERMAIN, 108

1913

A

M. TH. RIBOT

MEMBRE DE L'INSTITUT
PROFESSEUR HONORAIRE AU COLLÈGE DE FRANCE

Hommage d'admiration.

AVANT-PROPOS

Ce livre est une exposition des formes innombrables de l'ennui. S'il en est signalé quelques-unes, il en reste un plus grand nombre encore qu'il est impossible de recenser. L'ennui nous submerge et surabonde; il intervient plus ou moins dans tous nos actes, mais souvent sans se nommer et sans constituer tout leur être. C'est le rôle du psychologue de le déceler dans les phénomènes qui le manifestent ou qui le masquent, d'isoler en toutes circonstances la part qui lui revient.

Cette part est énorme, prélevée sur notre existence, et on en conviendra si l'on prend en considération les deux propositions qui sont la *philosophie* de cette étude, à savoir : 1° que la vie n'a ni fond ni but et qu'elle poursuit en vain un état d'équilibre et de bonheur ; 2° que tout organisme naissant périssable se fatigue, s'épuise et partant souffre continuellement. L'ennui est le sentiment qui résulte de notre impuissance et qui accuse l'absurdité du sort qui nous est fait dans un monde où nous sommes jetés sans recevoir de suffisantes explications.

Considérer toutes choses sous l'aspect de l'ennui, c'est voir dans l'homme un pantin décidément creux et qui n'est pas maître de ses fils ; c'est relever ce qu'il y a de tragique et de comique à la fois dans le fait d'exister. Notre étude désespère de la vie qui se ramène au néant, mais se réjouit des occasions de rire qui nous sont laissées.

Valréas, février 1903.

L'ENNUI

INTRODUCTION

Le mot *ennui* prononcé à tout propos, étiquette d'états d'âme fort divers, pour signifier la malédiction de la race humaine, mérite sa prodigieuse fortune. S'il est juste de l'employer à profusion, s'il est le mot révélateur qui éclaire des situations innombrables, il y a lieu de s'étonner que le zèle des psychologues ne se soit pas appliqué à déterminer son sens et son contenu exacts. Apparemment le sujet est ingrat et la tâche est immense.

L'ennui est un complexus psycho-physiologique aux modalités infinies qui a pour trait essentiel la douleur; instable éminemment et cherchant à se fuir lui-même, il est doué d'un surprenant pouvoir de métamorphose qui fait méconnaissable sa figure difficile à dessiner, Protée psychique qui a sa raison d'être dans la misère de notre condition, il naît de tout et de rien, il nous soulève et il nous prosterne, il se montre, s'efface, reparaît, sans nous révéler sa loi, sans nous laisser le temps de pénétrer son secret. Mais la souffrance est son fond et fait sa réalité.

Ramené à ses caractères constants, l'ennui est le cri de douleur de la vie épuisée ou contrariée; dans ses modes frustes il figure un malaise qui ne se définit pas; il sera une impuissance momentanée ou durable; une léthargie gémissante et inquiète; mais entretenu par des causes permanentes et promu au rang de souffrance morale, l'âme s'en empare et s'y précipite tout entière; elle le nourrit de toutes ses facultés, et l'ennui devient le dégoût incurable, le conflit du désir irrité avec la réalité qui nous échappe; la lutte de l'esprit contre sa propre torpeur; le sentiment poignant du bonheur impossible. Douleur superficielle ou profonde, ne faisant qu'un avec le désespoir de vivre sans savoir pourquoi, il nous harcèle perpétuellement et nous tient agités à la recherche des diversions qui lui sont nécessaires. A ses coups d'épingle, à ses coups de poignard, à ses attaques incessantes, nous réagissons par des gestes brefs d'ironie ou de mauvaise humeur, ou par des actes décisifs qui engagent notre vie entière. L'ennui — à qui nous ferons un écrin de synonymes —, est tour à tour l'agitation et le renoncement, la nostalgie de l'irréalisable et le scepticisme de qui a trop vécu; il se mêle aux impulsions irraisonnées de la vie enivrée d'elle-même qui exige le risque ou le crescendo des jouissances, et il se retrouvera dans le désespoir à bout d'illusions qui va au suicide. Le psychologue décidé à le suivre dans ses transformations paradoxales, à surprendre le secret de ses masques, se lance dans une chasse fantastique : c'est le Satan des légendes, d'abord animal de sabbat, puis cavalier d'allure étrange, plus loin chauve-souris qui s'envole.

Puisque notre sujet se présente à ce point vaste et touffu, une définition qui en resserre les termes doit être essayée ; nous dirons : *L'ennui est une souffrance qui va du malaise inconscient au désespoir raisonné ; conditionné par les causes les plus diverses, sa raison profonde est un ralentissement appréciable de notre mouvement vital. Subjectif par-dessus tout, susceptible d'être intensifié démesurément par l'imagination, il se traduit par ces états d'âme appelés dégoût, découragement, impuissance, humeur maussade.*

On a dit : L'ennui fait le fond de la vie humaine. Cette parole est profondément juste. Encombrant et prépondérant comme il est, est-ce en nous un sentiment premier? On peut répondre : non. On ne débute pas par l'ennui, mais par l'illusion entraînante, l'énergie optimiste ; c'est le désir qui est premier-né dans notre cœur, l'espoir illimité. Avant l'ennui qui geint, qui bâille, qui boude, qui entasse des négations, qui aiguise des sarcasmes, nous avons connu l'élan joyeux de la spontanéité, les gageurs juvéniles de l'imagination ambitieuse, la furie impétueuse des instincts et des appétits, toutes les affirmations, toutes les impatiences d'une activité vitale ardente, mise en face de la vie tenue pour attirante et irrésistible. L'ennui est le désabusement après l'espérance, le renoncement dédaigneux ou rageur après l'effort vaincu. Il peut à ce moment prendre possession de l'âme entière et devenir son unique mouvement. Quand la vie nous a cent fois trahis et jetés par terre, une illusion nouvelle nous apparaît comme un piège, et l'appréhension de l'échec et la terreur de la souffrance sont pour nous mettre en garde contre les vaines séductions : l'ennui qui se défie, qui nie, qui ricane est notre maître répondant pour nous; il ne se laisse plus persuader; impossible de lui arracher un consentement ou un sourire; ouvrier de désespoir, il s'emploiera à paralyser les suprêmes palpitations du cœur et il étendra sur le monde un voile de crêpe qui éteigne à jamais ses décevantes tentations.

La douleur de l'ennui est de nature morale : c'est l'esprit qui gémit et qui s'interroge. Il arrive que le mal se traduit par des signes physiques: bâillements, grimaces, tics; qu'il provoque des troubles de la circulation et de la nutrition : sensibilité au froid, syncope, inappétence, amaigrissement, apathie; il met du désordre dans nos facultés : confusion mentale, puérilisme, impulsions absurdes, monomanies, hypochondrie, imbécillité, stupeur; il est parfois visible et accusé dans l'affaissement de la physionomie, l'atonie du regard : air bête, air spectral; dans le délabrement de la démarche. On l'a comparé à un dessèchement interne, à un boulet à traîner, à la nausée du dégoût.

On peut s'ennuyer sans que l'imagination s'en mêle; tout de même si l'imagination ne lui tient compagnie, l'ennui ne va pas loin.

Fruit de la pensée réfléchie, produit de l'analyse, l'ennui est un état d'âme d'une réelle consistance et inépuisable : il existe surtout chez ceux qui savent en développer le thème ; qui amplifient en romans et en poèmes leurs joies et leurs douleurs ; qui se penchent jusqu'au vertige sur l'abîme sans fond qu'est notre cœur. Il est l'entretien avec soi-même des méditatifs qui mènent la vie intérieure et jugent de haut le monde ; il appartient aussi à une autre catégorie d'hommes, aux passionnés, aux dévorants, aux jouisseurs, qui vivent une vie émotionnelle intense et s'interrogent à toute heure sur le progrès et le recul de leurs voluptés. Pour le porter en soi et le nourrir, il faut une prédisposition éminente, et qui, d'ailleurs, est précoce ; l'épuisement rapide et la tendance pessimiste en sont les traits marquants ; celui dont la vitalité ne faiblirait pas et qui rebondirait toujours ne ferait pas de longues stations dans l'ennui.

L'ennui ne peut-il pas venir du cercle inextensible où nous sommes enfermés ? Oui, il y a un ennui objectif qui dépend des circonstances et du dehors ; s'il n'a pas la complicité de l'esprit, on trouvera moyen de l'escamoter.

On peut se demander : La monotonie de la vie, dont le fond ne change guère, n'entretient-elle pas sur la terre un ennui transmis de génération en génération, impossible à conjurer, et ne peut-on pas redire le mot fameux de l'Ecclésiaste : Il n'y a rien de nouveau sous le soleil ?

La faiblesse de notre esprit nous abuse, et il y a toujours du nouveau, mais il faut des yeux perçants pour le voir, une intelligence fort active pour en rassembler les morceaux. N'accusons pas la vie, création sans fin qui défie l'observateur; l'univers, rébus infini. La misère dont nous gémissons est en nous. L'humanité, considérée comme un homme qui vivrait indéfiniment, ne s'ennuie pas, puisqu'elle prend inépuisablement intérêt à l'existence, découvre chaque jour des filons inexplorés dans cet univers dont on ne peut avoir le dernier mot. L'ennui est donc bien un sentiment subjectif et l'attribut de notre être individuel, à qui font défaut l'activité infatigable et la jeunesse éternelle.

Étudier l'ennui, c'est passer une revue de la vie humaine; le mal est de toutes les conditions, comme il est de tous les âges; nous le rencontrons partout, dans l'action et dans le repos; dans l'ambition qui se démène et dans la sagesse qui s'abstient; il est au principe de nos actes, ou à leur terminaison, ou il occupe toute leur durée; pas de journée si lumineuse où on ne le voie poindre; pas de joie si parfaite qui ne sente sa menace, dont il n'ait finalement raison.

Mais les heures de soleil et d'espoir, les caractères réussis qui trouvent d'instinct le bonheur, les équilibrés, les carrières triomphantes nous le révéleront moins fréquemment que les existences ratées, les aigris, les négateurs, les infirmes, les faibles qui butent à chaque pas, les cœurs morts que tapissent des toiles d'araignées.

Acharné à peindre le revers des choses, nous allons

souligner les échecs sans nombre de notre vie imbécile ; mettre au jour l'envers de nos sentiments frelatés; nous collectionnerons soigneusement ce qu'on appelle les « mauvais quarts d'heure » ; dans la foule aux vaines mascarades où tous ont à faire une confession de tristesse, nous arrêtons d'abord au passage l'individu au front morose visiblement en train d'entre-choquer des idées noires, et aussi la troupe des gais passants dont le rire nous paraît suspect. Le visage humain est notre proie dans l'instant où il s'assombrit; nous retenons ses mimiques désolées, ses plis douloureux, ses froncements maussades, ses moues d'indifférence, ses soulèvements de dégoût; nous portons sur notre bulletin d'observation les attitudes effondrées, les prostrations léthargiques, les vociférations du désespoir, les lamentations éloquentes de Faust et les gestes ahuris de Polichinelle.

Cette étude touche à toutes questions : son intérêt sera d'être une monographie sévèrement rectiligne. Il nous faudra écrire souvent ce mot *ennui*, racine de chaque ligne qui le commente; il est des mots plus incommodants ; celui que nous disons est de teinte grise, gris terne et plombé; sa sonorité est sourde, l'œil et l'oreille s'y accommodent sans y songer.

Cette introduction n'est pas un résumé, mais, à insister sur les difficultés de notre tâche, le lecteur est prévenu qu'il sera entraîné dans les subtilités de l'analyse psychologique.

Nous étudierons en premier lieu les causes de l'ennui.

PREMIÈRE PARTIE

CHAPITRE PREMIER

L'ENNUI PAR ÉPUISEMENT

L'étude des causes de l'ennui est pour nous arrêter longtemps, parce qu'il s'y ajoutera une exposition des formes de l'ennui.

Ces causes peuvent se ramener à six, et chacune d'elles fera l'objet d'un chapitre.

L'épuisement, physique ou mental, est une cause de l'ennui à qui nous donnons le premier rang; son importance est extrême et domine l'histoire de notre sujet. L'épuisement commande la grande majorité des cas d'ennui, et les cas irrémédiables; on doit soupçonner son action, alors même que l'ennui semble relever de l'imagination seule, ou qu'il s'en prend aux objets extérieurs. Insister sur le fait d'épuisement, qui est peu avoué, point reluisant, c'est enlever à l'ennui les raisons orgueilleuses dont il se paie parfois, et son vêtement poétique.

Qu'un homme épuisé physiquement et moralement,

chez qui les sens, l'imagination, le cœur sont taris, corps en ruine, esprit en poussière, appartienne désormais aux humeurs sombres de l'ennui, cette proposition peut être donnée comme évidente ; il reste à entreprendre l'examen détaillé de ses parties.

Distinguons d'abord un épuisement passager, superficiel, moins que cela, une fatigue fonctionnelle, indifférente, sans répercussion sur la pensée, qui se répare d'elle-même par le repos ; ainsi, au soir de nos journées, la fatigue physiologique qui nous vaut le sommeil. Il y a même une fatigue délicieuse, à la suite d'exercices physiques exécutés avec allégresse qui ont mis en effervescence notre être tout entier ; ou c'est encore la lassitude sensuelle de la volupté savourant les frissons qui meurent et transposant en souvenirs l'ivresse charnelle qui va se retirer.

Différent est l'épuisement vrai, profond et répété jusqu'à devenir radical ; c'est le fait d'être réellement vidé de toute sève, avec une impression atroce de desséchement interne et d'arrêt de la vie. Supposé simple et purement physique, cet état d'anéantissement contient les éléments fondamentaux de l'ennui. On le rencontre, isolé à souhait pour l'étude, dans le surmenage des gens de sport. Le Dr Tissié, dans son livre *la Fatigue et l'Entraînement physique*[1], rapporte des observations de courses et de records vélocipédiques, où nous relevons l'ennui comme conséquence directe

1. Paris, F. Alcan, 2e éd., 1903.

de la fatigue : « Le coureur éprouve d'abord un grand ennui, puis il peut être atteint d'amnésie... L'ennui domine toute la scène ; il est la caractéristique de la fatigue poussée à l'excès connue sous le nom de *vannage*. Il atteint tous les coureurs, quel que soit leur caractère, gai ou triste » (p. 43). Et collationnant des rapports de coureurs : « ... Ennui profond réparti sur les six dernières heures de la course » (p. 45). « Huret... se plaignit seulement, en descendant de machine, d'avoir souffert d'un violent *ennui*, accompagné d'un grand besoin de dormir » (p. 51). Dans ces observations qui ont la valeur d'une expérience, épuisement et ennui forment un couple dont les éléments sont de nature physique ; le mental, réagissant à la suite, est à peine ébranlé ; il ne gardera trace de rien.

La fatigue, en effet, quelle que soit son origine, retentit sur l'esprit ; elle aura pour signes psychiques : le désordre des idées, le vide mental, l'irritabilité, l'asthénie généralisée. Ce sont là les éléments primitifs de l'ennui. Il n'a pas le temps d'apparaître, si la fatigue est superficielle ; si elle est bien supportée par un organisme sain. Il en va autrement quand la fatigue est extrême, qu'elle s'installe dans un organisme débilité. Tel est le cas de l'épuisé.

L'épuisé ou asthénique, — qui est un fatigué à perpétuité, que son cas soit héréditaire ou acquis, — vit, par définition, en état permanent d'ennui. Il est incapable d'effort soutenu, il agit sans élan, sans joie, sans confiance ; il est dépourvu d'entrain dans les actes communs de la vie journalière qui ne valent que par l'assaisonnement de la santé et de la bonne humeur; son cerveau fonctionne péniblement, sa personnalité s'obscurcit sans cesse; il advient qu'il est égaré par sa faiblesse pitoyable, conseillé par ses pensées irritées; qu'il est mis sur la voie des erreurs et des sottises; à l'ennui des actes accomplis dans le malaise de l'impuissance vient s'ajouter la souffrance voisine des échecs et des pas fourvoyés[1].

Cet état d'épuisement, reflet dans l'esprit d'une déchéance fonctionnelle, est-il fréquent? Il faut pour qu'il s'établisse une prédisposition qui n'est pas rare, et il se constitue assez vite chez les faibles-nés, les hystériques, les neurasthéniques[2], les surmenés du plaisir ou de la douleur. Tandis que chez l'homme de constitution robuste, toute fatigue est tôt réparée, le prédisposé à l'épuisement est saigné à blanc par l'effort, et, contemplant sa défaite, sombre dans l'ennui.

Il importe à chacun de nous de trouver son équilibre et de mettre d'accord ses forces et ses appétits; cette harmonie étant acquise, serons-nous à l'abri de

1. En langage médical, épuisement se traduit : insuffisance fonctionnelle généralisée. Epuisement est différent de maladie : c'est ainsi qu'Henri Heine, qui fut, pendant les dix dernières années de sa vie, le plus torturé des malades, n'était pas un épuisé; il dominait son mal par l'activité conservée de son esprit et par son étincelante gaieté.

2. Le Dr Janet définit l'hystérie : « une maladie mentale appartenant au groupe considérable des maladies par faiblesse, par épuisement cérébral »; il découvre chez les hystériques le « véritable ennui, celui qu'aucun amusement ne peut dissiper, et qui est une maladie de l'esprit faite de désir et d'impuissance » (*Etat mental des hystériques*).

« La neurasthénie peut être considérée, au même titre que l'hystérie, comme une fatigue chronique. » (Féré, *la Famille névropathique*, 2e éd.; Paris, F. Alcan.)

l'épuisement, facteur d'ennui ? En aucune façon. Usufruitiers d'un corps périssable, nous sommes les sujets passifs et tremblants de la fatigue vitale, de cet épuisement progressif qui marche avec les années, ruine et ronge toute vie, dispose de sa mise en poussière. L'ennui commence au fléchissement de la santé qui était notre arme de conquête et la première de nos voluptés. Il existe en raison de la diminution numérique des sensations enregistrées ; il est le négatif qui s'accroît des pertes du positif ; le vide créé par le départ du plein.

Nos actes ont un support physique, or le physique se démolit avec l'âge ; et, par une loi cruelle, l'esprit qui s'est exercé s'enrichit, pendant que le corps aux jours comptés se vide. L'impuissance nous surprend avant que le désir, aux propositions inépuisables, s'aperçoive que ses instruments sont hors de service. Tous, nous nous survivons. Les habiles, les heureux, qui ont éludé l'ennui précoce et d'imagination, n'éviteront pas cet ennui de l'âge mûr, du déclin, réglé sur la sénilité envahissante, qui corrompt la joie et le travail, s'impose aux sens et à la pensée.

Il s'établit en nous jour par jour grâce à l'effritement de notre étoffe corporelle et à l'embarras croissant de nos fonctions; il est fait de nos cendres, de notre rouille : *caput mortuum* qui grossit ; il est figuré par des alluvions de cellules mortes, par des pétrifications, des ankyloses ; son substratum indestructible est la sclérose qui nous envahit ; il est l'atonie des tissus que plus rien n'électrise, le ralentissement du sang qui se glace, le flottement hébété de l'œil éteint, l'hésitation du pied sur le sol, le tremblement des mains à qui tout échappe. — Regardé par son côté mental, étudié dans son retentissement sur la vie pratique, cet affaiblissement physique rétrécit le cercle de notre existence, nous interdit quantité d'actes qui agrémentaient nos heures, meublaient nos journées; il entraîne à sa suite la décadence de l'imagination et la démission de la volonté qui abandonnent à d'autres les proies splendides de ce monde.

Fait semi-morbide, l'épuisement entretient dans l'esprit qui vacille une incertitude agitée et douloureuse; de là les luttes de l'âme contre le corps qui pressent sa destruction; les combats obscurs entre le mort et le vif qui se partagent les morceaux de notre être; les sommations du désir inassouvissable aux organes poussifs et récalcitrants. Nous voulons vivre, tandis que nous mourons. Entre notre vouloir et nos forces surgissent des malentendus sans fin. Que vaut au juste notre santé du jour? La volonté commande et les organes refusent d'obéir; il y a un hiatus affolant entre l'ordre et l'exécution; une cassure, dans notre être dédoublé. Cet examen anxieux de nos ressources, ces retours passionnés sur notre besoin de bonheur, et, d'un mot, le conflit déchirant entre l'impuissance qui s'aggrave et le désir qui ne veut pas abdiquer, voilà la matière et le drame de l'ennui.

Il est certaines individualités chez qui un ennui de

cette sorte a un terrain tout préparé, tempéraments presque pathologiques qui unissent la faiblesse physique à l'excitation cérébrale : tels sont les névropathes, les dégénérés et tous les déséquilibrés ; le cerveau, peu maître de ses ordres, multiplie les caprices auxquels le corps fait banqueroute.

La plupart des maladies chroniques, à pénétration lente et insidieuse, réalisent un dédoublement tragique chez le patient dont la tête éclate ; l'esprit demeuré suffisamment valide, bourré d'illusions, harcèle son compagnon qui se dérobe, dont il ne veut pas voir la détresse ; eh quoi, la volonté n'aurait pas le dernier mot ! nous sommes coupés en deux, et, entre ces deux moi qui se méconnaissent, il y a un débat ouvert en permanence, un échange sinistre de menaces et de tristesse.

On pensera que c'est au désir à céder, et la raison l'ordonne. Le sujet qui s'enlize dans la fatigue croissante s'interdira avec la cruauté indispensable les sensualités qui dépriment, les ambitions qui enfièvrent, les excès et les fantaisies de tout genre. « Renonce ! renonce ! C'est là ce que chaque heure te crie d'une voix rauque[1] ! » Oui, abdiquons à temps et par de franches ruptures ; que notre conversion soit sincère ; c'est le fait d'un caractère faible que d'entretenir indéfiniment ces besoins déjà à l'agonie qui n'ont vie que par convulsions et spasmes. Une discipline sévère nous transporte dans une atmosphère renouvelée et édicte

1. Gœthe, *Faust*.

du même geste des états d'âme qui ont leur charme et leur vertu d'orgueil : sagesse, repos olympien, paix de l'âme, paix du soir, mépris hautain de la vie vaine. La grande misère, c'est la discussion avec l'épuisement, le sauvetage de nos bouts de chandelles, la révolte contre l'inévitable. Mais où devra commencer notre sévérité ? A quel moment sera donné notre dernier sourire à la vie enjôleuse ? Le désir est le pourvoyeur de notre existence ; lui absent, nous tournons au cadavre, nous mourons avant notre heure, et d'inanition ; désirer c'est vivre, et vivre c'est désirer ; les deux termes sont toujours et partout convertibles entre eux. Loin de nous détourner de nos désirs agonisants, nous mettons en eux notre suprême espoir et nous les galvanisons jusqu'au bout.

L'épuisement, dans la plupart des cas, appartient à l'esprit. Que de cadavres ambulants ! Peut-on épuiser la vie ? Non, pas plus qu'on ne peut boire la mer ; mais on en a consommé tout ce qu'on en pouvait prendre. Que voit-on alors ? L'action nous importune ; l'imagination replie ses ailes ; on fait l'économie de l'altruisme, et le repos devient le premier des biens. Ne plus aimer, ne plus agir, ne point sortir du préau de sa prison, c'est cohabiter, en bon ou mauvais ménage, avec l'ennui. Cette déchéance a ses chances et ses retours, mais elle est un fait général et nous sommes ses spectateurs atterrés.

« Oh ! je voudrais me passionner pour un homard à la moutarde, pour une grisette, pour une classe de minéraux! » dit Fantasio qui joue des airs éblouissants sur le thème de l'ennui.

Sainte-Beuve, plus en fonds de vie que Musset, s'exprime ainsi (en 1839) : « Je suis arrivé dans la vie à l'indifférence complète. Que m'importe, pourvu que je fasse *quelque chose* le matin, et que je sois *quelque part* le soir! »

Victor Hugo dit en vers magnifiques cette impression de désillusion finale :

Ai-je donc vidé tout, vie, amour, joie, espoir?
J'attends, je demande, j'implore;
Je penche tour à tour mes urnes pour avoir
De chacune une goutte encore[1]!

Baudelaire, épuisé héréditaire, est abondant et plein d'images quand il s'agit de peindre son néant intérieur :

Morne esprit, autrefois amoureux de la lutte,
L'Espoir, dont l'éperon attisait ton ardeur,
Ne veut plus t'enfourcher! Couche-toi sans pudeur,
Vieux cheval dont le pied à chaque obstacle bute.
Résigne-toi, mon cœur; dors ton sommeil de brute[2].

L'épuisement mental, qui éteint nos facultés et qui nous mutile, traîne l'ennui à sa suite; mais celui qui consent à son amoindrissement atténue les rigueurs de la défaite; la résignation désarme l'ennui[3].

1. *Les Contemplations.*
2. *Le Goût du néant.*
3. Est-ce un si grand malheur que d'avoir fini de vivre et de ne plus prendre plaisir à rien? Non, si l'on s'y résigne. Mais la résignation, sœur de la mort, est une vertu qu'on ne possède pas d'un coup. L'ennui est la protestation du désir qui relève la tête.

Prenant naissance dans une physiologie désorganisée, l'ennui, disons-nous, est commandé par des phénomènes somatiques. Dans une expérience de tous les jours, nous allons saisir son mécanisme. Je suis en promenade; mon pas est joyeux, la route m'invite; j'ai des regards pour toutes les surprises de l'horizon et toutes les grâces du paysage... Soudain, après une durée plus ou moins longue, une voix inattendue prononce en moi : Je m'ennuie! Que s'est-il passé? Un phénomène de fatigue. Les muscles se sont encombrés de déchets; le cerveau reçoit un sang qui s'altère; notre pensée, tout à l'heure inventive et coulante, qui nous amusait par ses rencontres et ses cabrioles, se dérobe, tombe à un jeu difficile et criard; les yeux se voilent; il est bon de rebrousser chemin; c'est l'ennui[1].

Organique plutôt qu'intellectuel, l'ennui par épuisement, avec ses éléments pathologiques, a en propre des crises violentes aux paroxysmes effrayants. C'est un arrêt du mouvement vital, une congélation intérieure, ou encore une angoisse subite et affolée qui nous contraint de chercher, coûte que coûte, une diversion stimulante. Le trait saillant de cet état est l'intolérabilité; aridité sentie de notre vitalité, absence

1. Chez l'épuisé l'ennui vient vite et à propos de tout, particulièrement à propos des choses qui comportent une certaine durée : une représentation théâtrale, une séance de n'importe quoi d'où l'on n'est pas maître de s'en aller; une lecture qu'il faut achever, une conversation qui se prolonge, etc. L'épuisé donne rapidement des signes de fatigue : il n'est plus rien qui soit nécessaire à son bonheur, hors la liberté et le repos.

de courant qui nous porte, incapacité d'agir, il est une souffrance atroce; c'est un ennui à crier, à devenir fou, à se rouler par terre, qui appelle un soulagement immédiat.

La crise d'ennui a d'autres formes. Elle sera l'apathie somnolente, la prostration comateuse, qui durent des journées, des semaines, dont nous avons grand'-peine à sortir ; elle produira les psychoses dépressives de l'être aplati et terrorisé ; ou bien elle est un moment fâcheux, l'obnubilation passagère qui nous contraint d'interrompre une lecture, une conversation, un travail. La cause organique, le plus souvent, se laisse saisir, mais avec un entêtement incroyable nous reportons au moral ce qui ressortit au physique ; nous oublions, par une vanité mal placée, qu'il faut rattacher aux ficelles de la physiologie les raisons déterminantes de notre humeur, et nous convertissons en accès d'ennui tapageur un malaise fonctionnel qui est justiciable des manœuvres de l'hygiène.

L'ennui par épuisement tend à se consolider et devient un état chronique : il se fait sentir à nous par des lassitudes écrasantes, du désordre mental, des impulsions bizarres ; il est l'enlizement de notre vie décroissante dans l'hypochondrie et l'impuissance, dans la défaite et la maladie. Nous nous tâtons et nous avons sous les doigts un froid de marbre ; notre pensée appelle au secours, et la léthargie qui nous gagne a raison de ses élans spasmodiques.

L'épuisement est un vice organique qui ne s'avoue

guère, et nous croyons sottement aux miracles de la volonté[1]. Lorsque nous éprouvons la sensation exaspérante de l'ennui, au lieu de débrouiller ses raisons profondes, il nous plaît d'accuser un défaut d'excitation ou un manque d'intérêt dans les objets environnants, et nous recourons, avec un empirisme brutal, aux excitants dangereux ou aux divertissements contestables.

Le remède rationnel de l'épuisement ne saurait être une excitation nouvelle, mais le repos. Il est vrai qu'il y a différentes manières de se reposer : il y a le sommeil, qui est le repos parfait, — et qui est une façon admirable de passer le temps, — et il y a des actes distrayants et sans conséquence qui valent comme gymnastique amusante et équivalents du repos (jeux d'adresse, sports).

Il est un ennui superficiel, à fleur de pensée, à fleur de peau, qui se montre et s'efface perpétuellement, qui se juge et se guérit de lui-même; les symptômes suivants le dénoncent : la fatigue de l'attention, le ralentissement du cours de la pensée, un mouvement maladroit, un geste de mauvaise humeur. On peut le comparer à ces agacements mal définis qu'on soulage par un changement d'attitude, par un remuement de bras et de jambes; ou encore, à ces oppressions de poitrine, venant d'un manque d'air, asphyxies ébauchées

1. On a exagéré la puissance de la volonté pour nous masquer notre faiblesse : c'est la nouvelle idole. Gœthe, qui était un caractère, a lancé cette parole fallacieuse : « On ne meurt que quand on le veut. » La volonté ne produit pas la force : elle la puise et la distribue ; elle est réductible à une question de méthode appliquée aux petites choses : hors de là, elle n'existe pas.

dont on se délivre par des respirations suspirieuses. Ces passages d'ennui, — éclipses de la force nerveuse, — en rapport avec les oscillations du *tonus* mental, l'instabilité des échanges biologiques, sont de tous les moments; nous les combattons instinctivement par des systèmes antagonistes de repos ou de diversion : on s'assoupit, on s'étire, on fait quelques pas, on allume une cigarette; ou bien, on sort, on se met en quête d'un ami, on court après une conversation agréable, on médite un instant de plaisir. Nous aspirons à être remis d'aplomb. Il est des moments où l'on a besoin d'une poignée de main, d'une parole ferme, d'un éclat de rire; les yeux implorent une étincelle, les pieds appellent un tremplin.

L'épuisement profond et radical ne se laisse point amender aisément, et il n'est pas davantage possible d'expulser l'ennui lié à un état pathologique que de régénérer un corps usé. Que faire contre l'irréparable? Il faudra organiser le repos avec des mesures extraordinaires; on se condamnera au sommeil, à tous les genres de sommeil; on imitera l'immobilité et le calme des morts. L'entreprise est difficile, car le désir d'exister nous tourmente jusqu'au bout, et l'épuisement, esquivé par les médiocres, est surtout le fait des téméraires, des prodigues, des émotionnels à usure rapide, des passionnés, des excessifs qui vivent de gageures et de surenchères, d'aventures et de folies, accumulent

1. L'épuisé a l'appétit du sommeil, comme il aime la mort, le non-être, états auxquels il pense sans cesse comme étant le plus à sa convenance.

ivresses sur ivresses, exigent de leurs nerfs des tours périlleux qui frôlent la mort.

Les favorisés de la fortune, qui ont le choix des retraites et le goût de la décadence élégante, tournent leur épuisement en ennui doré; les aristocrates de l'intelligence aussi consentent au repos, à qui leur esprit tient lieu de tout et qui orneront les murs de leur tombe de maximes philosophiques : ils ont rerenoncé à bien des choses, hors toutefois à un sinueux sourire d'ironie où se résume le monde.

Peut-être les méditatifs de pensée riche et ciselée, munis de dédain transcendant et de quelque aisance, seront-ils les seuls à s'ensevelir dans un repos de mort, où se dissimulent de subtiles jouissances mentales; le commun des hommes, prisonniers de leurs habitudes, entraînés par leur sottise, par la folle vanité de vouloir jouir quand même, traite l'épuisement et l'ennui par un appel furieux aux excitations redoublées et aux intoxications de toutes sortes : c'est le recours à l'alcool, aux vins à pleins verres, au tabac, à la morphine, à l'éther, à tous les poisons de l'intelligence et de la volonté. Le système nerveux chavire un instant dans l'ivresse, y noie la sensation d'aridité et d'impuissance, qui faisait sa torture ; l'instant est court ; au « tout en rose », — artificiel, succède le « tout en noir », — réel. Oh! voilà bien une expérience vieille comme le monde ; elle n'instruit, ne corrige personne, parce que le fond des âmes, c'est le désespoir, et que rien ne prévaut, à certaines heures, contre sa souvevaineté : du moins, sachons où nous mènent ces effroyables remèdes[1].

A cet ennui intolérable, sourd aux exhortations de la sagesse, on oppose encore ces émotions homicides : le jeu, aux secousses foudroyantes; les gageures insensées, où l'on jongle avec le suicide : « Je me tuerais par plaisanterie », disait Maupassant à l'âme désespérée. Puis viennent les ébats dans la débauche, mortelle à l'amour; l'appel criminel aux perversités du désir, aux scélératesses morales : le tout relevé de sadisme morbide et de cynisme inutile.

Le moraliste a beaucoup à prêcher ici; son éloquence sera répandue en vain; l'homme convient de sa folie plus volontiers qu'on ne croit; il soutient en même temps qu'il ne saurait se passer d'elle; il a avoué; pour prix de son aveu il vous demande de reconnaître les fatalités qui le mènent.

L'ennui a ses victimes illustres qui, entre tous les hommes, l'ont subi à un degré peu commun ; ils furent ses héros, pour ainsi dire, et il a été chez eux pensée continuelle, inspirateur constant; appelons-les en témoignage, sans toutefois retracer des biographies, ni entasser des textes; les personnages que nous citons appartiennent à l'histoire, et leurs œuvres sont entre toutes les mains, ou à leur portée; de brèves indications suffiront. Nous nommerons Mme du Deffand, Chateaubriand, Musset, Maupassant.

1. Il est vrai de dire que l'ivresse et le désespoir mêlés dans la même

Dans la catégorie des ennuyés par épuisement nous inscrivons d'abord Mme du Deffand : c'est un cas type et fameux. La célèbre marquise a connu toutes les excitations sensuelles et intellectuelles et, de bonne heure, désenchantée, elle agonise. Mais elle ne consent pas à cette mort anticipée ; son cœur, son intelligence se révoltent ; elle voudrait sentir, aimer ; elle a la *soif du bonheur ;* elle a trouvé la formule de son mal : *la privation du sentiment avec la douleur de ne pouvoir s'en passer*. Elle expose avec abondance, et elle analyse avec une précision inexorable son ennui, et ses causes ; recueillons dans sa vaste correspondance ses plaintes enflammées :

« Ignorez-vous que je déteste la vie, que je me désole d'avoir tant vécu, et que je ne me console point d'être née[1]. » « Je ne trouve en moi que le néant... Je suis donc forcée à chercher à m'en tirer ; je m'accroche où je peux, et de là viennent toutes les méprises, tous les mécontentements journaliers, et un dégoût de la vie qui est peut-être bon à quelque chose ; il me fait supporter patiemment les délabrements de la vieillesse, et diminue la vivacité et la sensibilité pour toutes choses[2]. » « Je ne crains au monde que l'ennui ; tout ce qui peut l'écarter me convient ; je n'ai point le bonheur de me suffire à moi-même ; peu

coupe forment un contrepoison rare de l'ennui. Se faire du désespoir une ivresse : trait du génie humain.

1. Lettre à H. Walpole, en 1767. *Correspondance complète de la marquise du Deffand*, publiée par M. de Lescure ; Paris, Plon, 1865.

2. Lettre à H. Walpole, en 1768.

de lectures m'amusent, et les réflexions m'attristent infiniment. Je ne suis point un certain Père de La Tour, qui n'était jamais plus heureux, disait-il, que lorsqu'il jouissait de lui-même. Il s'en faut bien que je lui ressemble; il n'y a rien que je ne préfère à une pareille jouissance. Je ne suis point née gaie; le passé ne me rappelle que des chagrins et des malheurs; l'avenir ne me promet rien d'agréable[1]. » Elle scrute toute chose à fond et s'en démontre ingénieusement le vide. « Il faut avouer, dit Scherer, qui lui consacre une longue étude[2], qu'elle semble prédestinée au mal qui va l'envahir tout entière. Elle a cette délicatesse de goût qui rend les natures distinguées si vulnérables, et ce discernement qui, pénétrant sous la surface des choses, en trouve d'abord le fond, c'est-à-dire l'insuffisance. Elle connaît le monde et elle s'est aperçue depuis longtemps, dit-elle, qu'on peut diviser les hommes en trois classes : les trompeurs, les trompés et les trompettes. Il y a des imbéciles qui l'assomment de leurs lieux communs, il y a des hommes de talent qui sont bas, faux, jaloux... Elle a porté sur elle-même un même regard non moins inexorable. Rien de triste comme ses retours sur sa vie. Il lui semble qu'elle n'a connu personne et n'a été connue de personne... Elle se trouve juste assez d'esprit pour toucher les limites de cet esprit. Ses facultés sont incomplètes. La force de sa pensée ne va pas jusqu'au talent; elle com-

1. Lettre à H. Walpole, en 1775.
2. Ed. Scherer, *Études sur la littérature contemporaire*, t. III.

prend et ne sait pas rendre; son intelligence est active, mais cette activité est en pure perte... Il y a des moments, à l'en croire, où elle voudrait être bête à manger du foin. Ainsi pessimisme universel, souverain mépris de tout, de tous, et tout d'abord de soi. Et comme rien ne vaut, elle ne met d'intérêt à rien. Elle n'a pas de passion, pas de désir, pas même de curiosité. » — En correspondance avec Voltaire, elle reçoit de lui ces sages conseils : « Mais vous, madame, prétendez-vous lire comme on fait la conversation? prendre un livre comme on demande des nouvelles, le lire et le laisser là, en prendre un autre qui n'a aucun rapport avec le premier et le quitter pour un troisième? En ce cas, vous n'avez pas grand plaisir. Pour avoir du plaisir, il faut un peu de passion, il faut un grand objet qui intéresse, une envie de s'instruire déterminée, qui occupe l'âme continuellement : cela est difficile à trouver et ne se donne point. Vous êtes dégoûtée, vous voulez seulement vous amuser, je le vois bien, et les amusements sont encore assez rares[1]. » Se comparant à Mme de Sévigné, et s'humiliant dans la comparaison, elle disait d'elle : « ... Je ne ressemble en rien à Mme de Sévigné; je ne suis point affectée des choses qui ne me font rien; tout l'intéressait, tout réchauffait son *imagination :* la mienne est à la glace. Je suis quelquefois animée; mais c'est pour un moment : ce moment passé, tout ce qui m'avait animée est effacé, au point d'en

1. *Voltaire à Mme du Deffand*, 1759.

perdre le souvenir. » « Mme de Sévigné, ajoute Sainte-Beuve, à qui nous empruntons cette dernière citation, avait su ménager sa vie et sa sensibilité[1]. » L'aspect extérieur de Mme du Deffand trahissait l'irrémédiable usure; on a tracé d'elle ce portrait saisissant : « Lorsqu'elle ne s'animait pas en causant, son visage très pâle avait l'expression d'une tristesse morne, et on remarquait, dans toute sa personne, une sorte d'immobilité rigide qui avait quelque chose de frappant. Elle causait toujours avec agrément, mais elle avait au fond une grande paresse d'esprit et se peignait très bien en disant « qu'elle aimait flotter dans le vague ». « Elle ne disputait point, dit Mme de Genlis, car elle était si peu attachée au sentiment qu'elle énonçait qu'elle ne le soutenait jamais qu'avec une sorte de distraction. Il était presque impossible de la contredire, car elle n'écoutait pas, ou elle paraissait céder et se hâtait de parler d'autre chose[2]... » Elle a failli s'intéresser à l'événement du jour, mais elle en revient vite et s'écrie : « Après tout, qu'est-ce que cela me fait ? » On va loin avec ce refrain-là : on peut l'appliquer à tant de choses!

L'ennui de Chateaubriand a défrayé abondamment la critique : il est tenu pour authentique, en dépit de ses poses suspectes et de son panache. En lui assignant pour cause essentielle l'épuisement, nous lui enlevons

1. *Causeries du lundi*, t. XIV.
2. *Le Président Hénault et Mme du Deffand*, par Lucien Perey ; Paris, 1893.

un peu de la poésie dont le fastueux ennuyé enluminait ses états d'âme ; grandiloquent et fou d'orgueil, nul moins que lui n'eût admis les humbles explications psycho-physiologiques. Quoiqu'il ait essayé bien des attitudes et des ambitions, et qu'il fût souple en ses métamorphoses, goûtant par-dessus tout l'inconstance, il fut un épuisé précoce, un désenchanté rapide, le créateur orgueilleux du désir moderne, désir conscient, cynique, insatiable de jouir et de dominer, d'être un des maîtres de ce monde, puisque après tout le ciel est vide, et que la terre est un royaume que l'effort des générations embellit merveilleusement. « Il a porté le désir à un tel degré de violence, il a tendu si fort ce grand ressort de la vie, qu'il a semblé lui donner de nouvelles applications et presque inventer une nouvelle passion, pour laquelle on dut chercher des noms nouveaux. « La langueur secrète », le « vague des passions », le « mal du siècle », tout ce qui fait la substance de *René*, des œuvres postérieures où l'écrivain a développé *René*, et enfin du romantisme sorti de ses œuvres, tout cela peut se résumer dans cette vieille chose et ce vieux mot, le désir[1]. » Chateaubriand est un épuisé du désir et du rêve, gardant de la tenue, et il eut des successeurs qui furent plutôt des épuisés de la sensualité grossière et de l'alcool, se compromettant en de mauvais lieux. René fait des orgies d'imagination. Le Fantasio de Musset demande au vin de

1. Melchior de Vogüé, *Une Ame de désir; Heures d'histoire*, p. 79.

porter son rêve. « Fantasio, c'est René après boire [1]. » Chateaubriand scrute le néant des affections qu'il recherchait et en revient toujours à se caresser lui-même ; d'autre part, l'action qu'il a tentée sous bien des formes l'a vite fatigué. « Nul n'a plus vécu par l'imagination, dit de lui M. G. Lanson [2] : son orgueil et son inertie y trouvèrent également leur compte... Dès l'enfance il trouve dans le rêve d'immédiates et absolues jouissances, des conquêtes faciles et complètes ; il se fit un monde en idée, et se sentit maître du monde. Il se donna toutes les joies, toutes les grandeurs sans avoir besoin de personne : et il se sentit au-dessus de l'humanité. Son orgueil et son imagination l'emportèrent dans l'infini. — Que peut-il sortir de tout cela ? Une poignante sensation de vide, un long bâillement, un ennui sans mesure. Chateaubriand avait attaché toute sa vie à son *moi*. Il avait pris pour fin la sensation, et non l'action. Il demandait la jouissance au rêve, et non à la réalité. Mais la sensation s'émousse ; il faut la renouveler sans cesse. Le rêve atteint en un moment, épuise aussitôt la jouissance. Renonçant à réaliser dès qu'il avait rêvé, Chateaubriand retombait dans son néant, l'âme vide et désoccupée. L'éternelle adoration de son *moi* grandiose l'accablait à la longue : il n'y a que l'égoïsme actif qui soit un égoïsme content. L'égoïsme sensitif est triste. » Mais les souffrances vaporeuses et compressibles de l'imagination ne sau-

1. Mot de Gaston Deschamps.
2. *Histoire de la littérature française*, 1898.

raient, à elles seules, créer l'épuisement ; l'imaginaire, manié par nous, ne nous *travaille* pas autant que le réel, dont nous ne sommes pas maîtres ; le bon jeune homme, qui dit avoir beaucoup souffert dans ses rêves blessés, n'en garde pas moins une âme naïve et molle : il n'a pas été broyé sérieusement. Quand le bourreau s'appelle réalité, nous sortons de ses mains brutales, durcis et transformés étrangement. Chateaubriand dut son ennui sincère et incurable à ses dépenses mentales de rêveur passionné, à son manque de croyance et de souffle [1], aux réalités du temps qui lui furent cruelles, à son sentiment du néant de la vie qu'il a tant de fois affirmé, et qui lui était révélé dans son horreur familière par les démarches de son propre égoïsme [2].

Alfred de Musset, après un fougueux départ passionnel, après avoir brandi un programme frénétique de jouissance surhumaine, s'abat, échoue dans l'ennui si tôt, si profondément, que l'épuisement organique chez

1. Il lui arrive de dire : « En dernier résultat, tout m'étant égal, je n'insistais pas. En politique, la chaleur de mes opinions n'a jamais excédé la longueur de mon discours ou de ma brochure. » En politique, en amour, en tout.

2. Voici quelques-unes des paroles où Chateaubriand exprime son ennui : « Depuis le commencement de ma vie, je n'ai cessé de nourrir des chagrins : j'en portais le germe en moi, comme l'arbre porte le germe de ses fruits... Je m'ennuie de la vie; l'ennui m'a toujours dévoré. Pasteur ou roi, qu'aurais-je fait de ma houlette ou de ma couronne? Je serais également fatigué de la gloire et du génie, du travail et du loisir, de la prospérité et de l'infortune... » Et encore : « Rassasié des plaisirs de mon âge, je ne voyais rien de mieux dans l'avenir, et mon imagination ardente me privait encore du peu que je possédais... » Il reporte cette disposition découragée à l'instant même de sa naissance : « Je n'avais vécu que quelques heures, et la pesanteur du temps était déjà marquée sur mon front. »

lui n'est pas contestable[1]. Entendez-le crier sa gageure insensée de sensitif forcené et de poète romantique :

O médiocrité! celui qui pour tout bien
T'apporte à ce tripot dégoûtant de la vie,
Est bien poltron au jeu s'il ne dit : « Tout ou rien! »

« Il a trop demandé aux choses, a dit Taine[2], il a voulu d'un trait, âprement et avidement, savourer toute la vie; il ne l'a point cueillie, il ne l'a point goûtée; il l'a arrachée comme une grappe, et pressée, et froissée, et tordue, et il est resté les mains salies, aussi altéré que devant... »

Après une explosion juvénile de chants et de sanglots passionnés, rythmés en vers immortels, il s'arrête court; sa vie est terminée; il ne sait que l'ennui. Le mot, dans son œuvre, roule de page en page; son âme mutilée et fort amincie se cristallise dans ce terme mystérieux qu'il redit avec complaisance. Fantasio module sur l'ennui des variations charmantes : « Si je pouvais seulement sortir de ma peau une heure ou deux! Si je pouvais être ce monsieur qui passe!... Je ne saurais faire un pas sans marcher sur mes pas d'hier... Oh! s'il y avait un diable dans le ciel! s'il y avait un enfer, comme je me brûlerais la cervelle pour aller voir tout ça! Quelle misérable chose que l'homme! ne pas pouvoir seulement sauter par sa fenêtre sans se

1. L'explication du caractère de Musset, fait d'instabilité et d'inquiétude, par un épuisement rapide, est donnée par M. Ribot, dans son livre *la Psychologie des sentiments*, p. 412. Paris, F. Alcan.
2. *Histoire de la littérature anglaise*, t. V.

casser les jambes ! être obligé de jouer du violon dix ans pour devenir un musicien passable ! Apprendre pour être peintre, pour être palefrenier ! Apprendre pour faire une omelette !... »

Fines broderies de l'imagination, réduite à jouer avec elle-même ; mais que peut la finesse contre l'épuisement? C'est de la force qu'il faudrait.

Le don de fantaisie fait le poète, crée l'œuvre d'art ; la vie pratique réclame des facultés qui lui soient appropriées ; elle confond les rêveurs brouillés avec elle ; ils reprennent le dessus par l'insouciance, l'ironie. Musset était sérieux jusqu'au tragique; ayant mis tout son enjeu sur l'amour qui le trahit, il avait un besoin pressant d'oubli et de délire; il s'abandonna aux pires tentations de l'ennui qui fut le gouffre où il roula en écumant :

> Dans ce verre où je cherche à noyer mon supplice,
> Laissez tomber plutôt quelques pleurs de pitié...

Guy de Maupassant, dans son œuvre objective et impersonnelle, a laissé deviner un douloureux pessimisme; son ennui, qui fut effrayant, nous est révélé par ses confidences, assez discrètes, par le graphique désordonné de sa vie inquiète et comme affolée. Pourquoi le rangeons-nous parmi les épuisés? Le diagnostic, ici, est fait après coup; le temps est un grand révélateur ; la fêlure que trahissait *le Horla* n'est devenue visible à tous les yeux qu'au lendemain de la catastrophe où s'abîma la raison de l'auteur ; les rapports du physique et du moral sont un problème délicat; le degré exact de folie dont on gratifie J.-J. Rousseau n'est-il pas toujours en discussion? Maupassant, doué d'énergies physiques plutôt que psychiques, fut retenu longtemps dans les ivresses de la sensation; il lui en coûta de monter dans son cerveau, de se séparer de la vie enivrante, et il dut son talent à sa volonté acharnée et à un labeur épouvantable (voir la préface de *Pierre et Jean*) ; il fut de ces sensitifs surexcités qui aspirent à tout sentir et veulent l'absolu (voir *Sur l'eau*) ; une hérédité mauvaise le minait ; l'idéalisme lui fit défaut, qui corrige la laideur de la vie, crée des illusions séduisantes : il sombra dans le nihilisme moral et l'ennui.

Il se montra d'ailleurs supérieur à son mal, puisqu'il ne lui permettait pas de s'exprimer directement dans son œuvre, et il s'élevait au-dessus de son désespoir continu par une courageuse discipline de travail. Son cas est à retenir, étant typique : fruit tardif et obtenu au prix d'un labeur épuisant, le talent, chez beaucoup d'artistes, coïncide avec l'ennui; quand ils ont rassemblé tous leurs procédés pour produire, il ne leur reste plus aucune force pour s'amuser. Voici des fragments de correspondance où perce le secret du grand écrivain : « Madame... je vous écris parce que je m'ennuie abominablement... Je prends tout avec indifférence et je passe les deux tiers de mon temps à m'ennuyer profondément... Il n'y a pas d'homme sous le soleil qui s'embête plus que moi. Rien ne me paraît valoir la peine d'un effort ou la fatigue d'un mouvement. Je m'embête sans relâche, sans repos et sans espoir, parce que je ne désire rien, je n'attends rien... Tout m'est à peu près égal dans la vie, hommes, femmes et événements[1]. Voilà ma vraie profession de foi; et j'ajoute, ce que vous ne croirez pas, que je ne tiens pas plus à moi qu'aux autres. Tout se divise en farce, ennui et misère[2]. »

Nous eûmes personnellement l'occasion d'échanger quelques lettres avec Maupassant; dans l'une d'elles se trouvent ces lignes qui, à plusieurs années de distance, font suite aux extraits ci-dessus : « ... Je suis à moitié crevé de fatigue, de courbature cérébrale et de maladie nerveuse. Tout m'ennuie et je n'ai de supportables que les heures où j'écris. Je ne sais trop dans cet état mental et physique à quelle époque je rentrerai à Paris où la vie m'énerve et m'écœure beaucoup. Je n'éprouve de bien-être que seul, près de la mer ou dans la montagne[3]... »

Terminons ce chapitre en rappelant l'idée dont il est l'exposition : l'épuisement physique ou mental, résultat d'une prédisposition définie, ou conséquence de l'âge, est cause fondamentale de l'ennui et lui constitue une raison d'être difficile à écarter. On le réduit par le repos, si l'on n'a pas su le prévenir par une bonne hygiène.

1. Cette indifférence n'était pas affectée : Céard « affirme que c'est l'homme qu'il a connu le plus indifférent à tout, et qu'au moment où il paraissait le plus passionné pour une chose, il en était déjà détaché ». (*Journal des Goncourt*, 20 juillet 1893.)

2. Lettres à Marie Bashkirtseff, écrites en 1884, publiées par la *Revue des Revues*, 1er avril 1896.

3. Lettre datée d'Aix-les-Bains, 25 juin 1890.

CHAPITRE II

L'ENNUI PAR MANQUE DE VARIÉTÉ ET PAR DÉFAUT DE PUISSANCE DANS LES FACULTÉS

Nous allons dire dans ce chapitre l'ennui des pauvres d'esprit, des pauvres d'âme; de ces êtres inharmoniques, appelés les ratés; de ces impuissants, qui sont les faibles, les rêveurs.

Tous sont des épuisés, mais de naissance, sans capital à gaspiller, comme tels grands seigneurs du chapitre précédent; non point victimes d'un programme d'énergumènes. Leur épuisement relève du jeu étroit de leurs facultés bornées; peu étoffés, ils sont usés de bonne heure.

Les gens à qui nous allons avoir affaire s'ennuient parce que leur âme est misérable et qu'ils n'ont pour se divertir qu'un nombre infime d'états de conscience; incapables de sentiments énergiques et d'action féconde, pour eux le monde est petit; la vie, monotone; ils sont des timides, des médiocres, qui ont eu peur de respirer trop fort, de parler trop haut; ils sont des individualités falotes, des vaincus d'avance, que le destin balaie en déroute de marionnettes. Il y a un minimum de bonheur qui est une exigence légitime, l'*aurea mediocritas* du cœur; ces infortunés n'y ont pas atteint; ils ne se sont point élevés à l'orgueil, à la puissance, que touchent à certaines heures le passionné audacieux, le joueur magnifique; mais ils se trouvent installés dans l'ennui constitutionnel, comme un taré héréditaire est le sujet-né d'une diathèse dont aucun traitement n'aura raison.

Commençons par le plus navrant, sinon par le plus souffrant de ces déshérités.

L'ennui de l'imbécile. — Il y a des imbéciles satisfaits, épanouis : ils sont rares; les plus obtus deviennent inquiets, finissent par se douter de quelque chose... La faiblesse indéniable des facultés, dans la concurrence universelle où chacun fait arme de tout, entraîne tant de désastres et de désavantages que l'imbécile, en dépit de sa fatuité extravagante, est forcé de mordre la poussière et de souffrir.

Il y a parallélisme absolu, similitude exacte entre les caractéristiques de l'imbécillité et les stigmates de l'ennui. L'imbécillité comporte la pauvreté et la fausseté des conceptions, un feu roulant de maladresses ; l'absence d'imagination aux jeux récréatifs ; le défaut de sympathie, par où le moi s'annexe le monde; et encore, la nullité outrageante de toute la personne qui pousse l'entourage irrité à la vengeance ; l'angoisse des comparaisons accablantes, le pressentiment de toutes les défaites ; en voilà assez pour nous faire dire : l'imbécile qui cumule ces tares est promis aux souffrances de l'ennui.

L'imbécile souffre et s'ennuie parce qu'il est un aveugle-né, une pauvre cervelle où tout se brouille ; il sait qu'il est des heureux, et qu'il est la risée des triomphants ; mais la nature a eu pitié de ses créatures les plus manquées : ses dons de fée, à ces infirmes, c'est une inconscience difficile à entamer et un égoïsme d'airain.

Il y a un imbécile cuirassé, qui se tire à peu près d'affaire. S'il soupçonne vaguement son infériorité, il la dissimule ; il exige des marques de respect, il organise autour de lui la terreur ; souverain d'une famille ou d'un groupe, il se fait centre ; il se tient pour un absolu ; il ne tolère ni une objection, ni un reproche ; il refuse toute lecture qui dérangerait les dogmes qu'il professe, toute conversation qui affaiblirait sa foi en lui-même ; les ressources de son instinct de conservation sont prodigieuses. L'ennui ne l'approche guère, ou, du moins, il n'en laisse rien paraître, il ne l'avouera pas ; il ne veut qu'on doute ni de sa supériorité, ni de son bonheur ; le plus vide des hommes est celui qui est tenu d'en être le plus déguisé.

A côté de cet être répugnant, qui se défend dans sa sottise à l'aide d'une méchanceté parfois redoutable, nous avons l'imbécile sans calcul ni malice. Voisin de l'idiot, celui-là, léger, bon enfant, l'ennui dans lequel il barbote sans y rien comprendre est du genre comique ; ennui de fantoche, de pantin, qui s'égaye de rires niais, d'amusements nigauds ; qui supplie le premier venu de tirer ses ficelles, de lui faire remuer bras et jambes ; il a des chagrins minuscules délayés en plaintes filandreuses, et il est dur de l'écouter ; mais il n'est point inconsolable et il lui faut peu de chose pour l'amuser !

L'ennui du médiocre. — Les médiocres forment les gros bataillons des peuples, et ils savent leur importance.

Le médiocre[1] respire à l'aise dans sa médiocrité qui est la loi de son être ; on doit lui reconnaître le sens de l'équilibre ; il ne sera pas égaré par l'imagination, il n'a la folie d'aucun idéal ; membre satisfait de la majorité et si content de soi que paraisse ce personnage, essayons de montrer qu'il s'ennuie.

Le médiocre s'ennuie, parce que la flamme de la vie dans son corps peureux est constamment tenue baissée ; il s'économise, il veut vivre très longtemps ; il y a chez lui de l'avare, du timide, du pleutre. Il est incapable de se donner, de subir l'attraction d'une vie plus forte qui l'obligerait à sortir, sans qu'il y consente, de son infériorité. Il est l'homme à qui il n'est jamais rien ar-

1. C'est *l'homme normal*, de Lombroso, routinier, misonéiste, bien domestiqué. C'est aussi le type dit philistin dont Victor Helm a donné cette définition : « Produit de l'habitude, manquant de fantaisie, raisonnable, orné de toutes les vertus de la médiocrité, menant une vie honorable, grâce à la modération de ses exigences, concevant lentement, traînant avec une patience touchante tout le fardeau des préjugés dont il a hérité de ses pères. »

rivé et qui jure que jamais il ne lui arrivera rien. Et pourtant il lui plairait de bomber sa poitrine, d'avoir des exploits à raconter. Celui qui a osé, qui a voulu tout connaître, garde de ses audaces des mots de feu, un reste d'allure qui le fait grand.

Tenant mi-closes ses paupières clignotantes, le médiocre n'a jamais vu le soleil ; il surveille avec tremblement ses pensées ; il a je ne sais quel mouvement automatique et ignoble pour couper à temps tout ce qui dessine un entraînement quelconque ; il cultive l'art d'être nul, comme un autre, sa spécialité ; dans les rares ébats qu'il se permet, il épie les alentours ; serf de l'opinion, une crainte vague et immense le domine, qui étrangle ses joies sans ampleur et le paralyse jusque dans le secret de son cœur.

L'ennui règne assurément sur une telle vie, un ennui sourd, obtus un peu, refoulé, car le médiocre ne peut l'élever à la hauteur d'une pensée, ou en faire une attitude ; ennui de cheval de manège piétinant sa piste, de vieil aveugle remorqué par son chien ; il se traduira par un air d'effacement, par de la mauvaise humeur diffuse, de la méchanceté sournoise, des mouvements louches de jalousie et de haine contre ceux qui se sont risqués, contre les brillants joueurs qui ont couru l'aventure d'un haut destin.

L'ennui du faible. — Le faible est un prédestiné de l'ennui, parce que sa complexion friable le voue à la souffrance et aux échecs. Nous désignons sous le nom de *faible* l'individu qui, tout en étant marqué des stigmates de la fragilité physique, laisse voir un esprit trahissant des possibilités d'ambition et de force. Rien de plus fréquent que cette union mal assortie : l'homme moderne est un cerveau surexcité, desservi par des organes impuissants. Le faible fabrique de l'ennui comme une cheminée mal construite se remplit de fumée et de scories. L'esprit sans doute est entraîné dans la faiblesse générale ; mais, fille de l'hérédité psychologique, travaillée par l'éducation, l'âme peut être supérieure au corps qu'elle anime, et elle poussera tant bien que mal des rameaux vivaces encore où fleuriront les illusions et les rêves. Le faible, brûlé de désirs qui n'aboutissent pas, nous offre le spectacle d'une âme ardente luttant dans un corps débile. Souvent très arrêté en ses lignes grêles, il ne saurait se dérober par une mollesse coulante d'amorphe, à la souffrance individualisée et précise. Malade ambulant, tremblant pour sa peau, frileusement enroulé sur lui-même, il est contraint de se désintéresser des idées générales qui élargissent les têtes où elles entrent ; des passions de son siècle, tourbillons merveilleux par qui il est doux de se laisser emporter. Il ne saurait vivre que sa pauvre vie individuelle qu'il terre prudemment, vie de taupe, de tortue, où il dévore sa propre substance. Son ennui s'appelle pauvreté de la force nerveuse, détresse intérieure, sentiment d'incapacité.

Pas d'orchestre, pas de carillon en lui ; rien ne jaillit, rien ne chante ; à ses maigres joies de quasi-paria son système nerveux grelottant n'apporte qu'un accompagnement de guitare; il s'éprouve supplicié, sacrifié, misérable, condamné à la vie descendante, dégénérescente, qui se nie elle-même et implore la mort. Il lasse l'amitié, il n'intéresse longtemps personne; l'existence qu'il traîne est trop lente en ses démarches, déplorablement monotone et n'aboutit jamais. Il rêve sa vie : il tend les bras vers des fantômes; il habite au pays des ombres. Il pense aux femmes qu'il aurait aimées, à la carrière qu'il aurait accomplie, aux plaisirs qu'il n'a pas connus, à la part de renommée qu'il aurait pu conquérir. Ce rêve désolé, qui ira s'assombrissant, qu'est-ce autre chose que le cauchemar de l'ennui [1]?

L'ennui du raté. — Le raté est un mal conformé jusqu'à la difformité, un monstre à deux têtes; supérieur dans ses conceptions ambitieuses, inférieur dans l'exécution. Par sa construction vicieuse, inharmonique, il rassemble en lui tout ce qui est nécessaire pour faire de l'ennui.

Le raté, divisé avec lui-même, écartelé entre sa force et sa faiblesse, amphibie qui n'a sa demeure ni dans le rêve ni dans le réel, se consume en efforts navrants et devient rapidement un épuisé. N'est pas raté qui veut; pour avoir droit à ce qualificatif, il faut avoir tenté une vaillante entreprise, — qu'on a manquée.

Le raté a *quelque chose* dans le cerveau; quoi, au

1. Le faible s'ennuie sans avoir les moyens de se désennuyer, tel un misérable, qui, faute d'argent, ne peut se distraire.

juste? Il s'est juré de faire un chef-d'œuvre ; la chimère d'aujourd'hui sera la réalité de demain. Il se met au travail avec une fougue cravachée, car le rêve est beau ; il tend ses forces et les enfle dans un *nisus* douloureux. Mais, par définition, il n'a pas assez d'étoffe en lui, de sensations puisées aux sources, de vitalité fécondante pour revêtir de matière plastique ses spectres cérébraux. Son impuissance le jette par terre ; il a des redressements convulsifs par tétanos de la volonté, et il se cramponne à ses outils ; il va de l'accès de fièvre hurlante à l'affaiblissement comateux. Instruit par ses tentatives multipliées, s'y reprenant à mille fois pour se juger, pour avoir sa mesure, il est souvent un critique subtil de soi, et la finesse de sa parole étonne ; ah ! s'il renonçait à devenir un créateur, un dieu, et se contentait d'être un homme ! Mais les génies les plus authentiques eurent leurs tâtonnements, et, parmi tant de gens qui *se cherchent*, à qui demanderons-nous un horoscope infaillible ?

Le raté, tout à l'heure dégonflé, s'enfle d'un nouveau courage ; s'entretenant dans une trépidation fébrile dont il essaie de faire une puissance, son désespoir sera une de ses inspirations possibles ; au pis, il fera un désespéré réussi, ce qui est quelque chose. Du moins, en son essence, en ses germes tressaillants, il s'affirme supérieur à sa chance et aux œuvres boiteuses qu'il produit. Jusqu'à la fin il tentera l'escalade du ciel et il finira soit en pose arrangée de Titan vaincu, soit en pauvre homme qui s'est cassé les reins dans une fâcheuse aventure. Une telle existence revêt à plaisir toutes les formes de l'ennui.

Il y a des ratés de tout ordre, dans tous les métiers, dans toutes les classes sociales[1]; il n'y en a nulle part un si grand nombre que dans les carrières intellectuelles et artistiques qui posent pour condition de la maîtrise un tour de force à accomplir.

L'ennui de l'inachevé. — L'inachevé est un raté qui n'a rien tenté, un faible qui accepte sa faiblesse et s'y fait un sort supportable. Nous sommes tenus d'être brefs dans ces esquisses de caractères, indiquant les seuls traits qui intéressent notre sujet. L'inachevé est bien un type, s'il demeure tel toute sa vie; de plus, sa progéniture sera à sa marque. Rentrent dans cette classe nombre d'esprits appartenant au monde religieux et artistique, qui ont commerce avec l'invisible et fraient avec des ombres; et tant d'individus rabougris (infantilisme physique ou mental), tombés à des existences de tout repos. L'inachevé est humble; il sait qu'il est dans les limbes; arrêté sur le seuil de la terre promise, il envie à peine les *possidentes* triomphants; il ne se soucie pas de faire une œuvre; il n'a jamais donné d'espérances; il esquive les grandes responsabilités; il s'en tient à sa débilité; il ne veut pas avoir de biographie.

L'inachevé s'ennuie d'un ennui torpide, somnolent, bêlant, sans révolte, sans réaction; il pousse quelques soupirs, tourne une élégie de valétudinaire; ennui d'un

1. On les dira aussi des incapables.

« resté en route », d'un estropié qui se résigne, d'un indigent content de toute aumône.

L'ennui du rêveur. — Le rêveur est celui qui demande au rêve les jouissances qu'il ne saurait obtenir de l'action. Le rêve, jeu d'images mentales dont nous sommes le machiniste, comporte de vives voluptés. « La fantasmagorie de l'âme me berce comme un yôghi de l'Inde et tout devient pour moi fumée, ombre, illusion, vapeur, même ma propre vie... La pensée remplace l'opium, elle peut enivrer tout éveillé et diaphanéiser les montagnes et tout ce qui existe[1]. » Magie séduisante et dangereuse, le rêve confère à ses fervents la domination virtuelle de l'univers ; il nous constitue maître dérisoire de ce monde, un roi de féerie régnant sur les étoiles, les nuages et le vent. Mis en œuvre par une imagination exercée, le rêve enchaînera des séries cohérentes d'images précises et colorées qui joueront la possession réelle ; voir, c'est avoir ; penser un objet, c'est le toucher. N'importe, rêve et réalité ne sont pas identiques. Impossible de tricher longtemps avec la vérité. L'étreinte des fantômes est glaciale ; elle pâlit les joues et le sang ; seuls les anémiques s'y plaisent ; mais le contact des vivants est chaud, électrisant, il nous contraint à la défense, à des ripostes justement assénées qui nous ragaillardissent.

Le rêveur, aux pas errants de funambule, aux mains

1. Amiel, *Journal intime*, t. I, p. 109.

ballantes, à l'esprit flottant et bercé, ignore le réel et ne fait pas de conquêtes ; il reste pauvre, désarmé, Pierrot blême en conversation avec la lune, étranger tombé des nues dans ce monde terrestre confisqué par les lutteurs robustes. Mystique épris d'un dieu introuvable ; spéculatif s'absorbant dans l'éternel ; contemplatif amoureux des apparences ; fakir aveuglé par son extase ; poète captif de ses chansons ; sensuel enivré qui se dissout dans ses sensations trop sucrées ; monomane d'un opium, d'un poison délirant, le rêveur qui vit de sa propre substance, qui se dévore lui-même, s'étiole, divague, perd toute consistance, tandis qu'il étire en filigranes imperceptibles de minces flocons de fumée cérébrale ; il finit dans l'obtusion intellectuelle, l'inaction cataleptique. Ses rêveries furent d'abord prodigieuses et ornées avec un choix exquis ; elles comportaient une certaine activité intellectuelle ; elles avaient pour point de départ une ivresse intérieure ; si cette fantasmagorie scintillante n'est pas objectivée en œuvres d'art plus ou moins réussies, il arrive qu'elle se dégrade ; les opérations mentales se raccourcissent, ne livrent plus que bulles de savon et scènes brouillées. Dans sa cellule, dans son ermitage, dans sa tour d'ivoire, enseveli, perdu en lui-même, le rêveur succombe à l'ennui le plus aride qui soit ; peut-être voulait-il fuir le néant de la vie vécue dans la foule : il est entré dans un autre néant.

Ces esquisses de caractères étaient à tracer dans leurs relations avec l'ennui ; d'autres mentalités, d'un tour spécial, sommairement indiquées, nous fourniront des traits intéressant notre sujet.

Il y a un *ennui du solitaire*. Il est une originalité, nettement frappée, d'intelligence ou d'âme qui situe le porteur dans une sorte de solitude, dans le désert de l'ennui. L'homme dont il s'agit sera singulier, malgré qu'il en ait, et ne trouvera pas à s'apparier; il n'est point compris, aimé, il a peine à se communiquer, personne ne parlant sa langue. Mais l'être banal rencontre partout ses pareils, qui le comprennent d'un regard et qui lui tendent des bras fraternels.

Il y a un *ennui du dédoublé* qui est l'homme réalisant une dualité foncière : on peut être à la fois et également sensuel et intellectuel, actif et rêveur, mystique et positif; pour citer des noms : Flaubert était au même degré réaliste et romantique : « Il y avait en Théophile Gautier deux âmes rivales qui se sont disputé la possession de son talent, une âme gauloise et une âme contemplative, qu'il n'a jamais pu mettre entièrement d'accord et qui se sont toujours querellées[1]. » De telles dualités, accentuées et irréductibles, font les caractères morbides, et mettent leurs propriétaires dans l'embarras; ce sont gens écartelés, tenus de vivre en partie double, et qui ne disposent jamais que de la moitié de leurs forces; incertains sur leur personnalité véritable, ils portent envie à ceux qui sont coulés d'un bloc.

1. Montégut, *Nos Morts contemporains*, p. 23.

Il y a un *ennui du dilettante*. Le dilettante, ou amateur, est un artiste manqué, un candidat au talent resté sur le carreau ; il est l'ébauche, qui ne s'achèvera pas, d'une personnalité de créateur. Réduit à l'attitude passive de spectateur, en perpétuel état d'attention expectante qui s'impatiente et s'inquiète, sujet qui attend le magnétiseur, il vit d'émotions raccrochées, de sensations de rencontre. Tandis que le producteur s'enferme, affranchi du temps et du monde extérieur, dans l'œuvre dont il est délicieusement possédé, s'annonçant prochain démiurge, le dilettante, badaud supérieur, a dû, pour « passer le temps », entreprendre des voyages que décident la mode ou son caprice, se nourrir de l'actualité accidentelle, se mettre aux ordres du snobisme, s'inventer des goûts artificiels. Il y a en lui du faible d'esprit, dont le moi flotte au vent ; du raté accouchant d'un spasme. Il montre une âme d'emprunt, collectionne les idées et les sentiments vécus par d'autres ; vainement il croit éprouver les sentiments qu'il imagine et refuse de se spécialiser pour ne rien perdre de la vie, s'en approprier toutes les formes ; miroir, écho, il n'a que des ombres ; en dépit des pâmoisons qu'il s'administre à haut prix ou à bon marché, il traîne dans le dégoût et l'ennui.

L'ennui procède non seulement de l'infirmité de l'intelligence, mais de la pauvreté de cœur. Il y a un *ennui de l'égoïste*. L'égoïste actif et vigoureux, machine impitoyable, chargé d'appétits et de volonté, ne fait pas de longues stations dans l'ennui. Mais il est un égoïsme passif, replié sur soi, tout en défense, qui s'interdit comme excès débilitants les palpitations du cœur épousant l'émotion d'autrui, et jusqu'aux actes de bienveillance indifférente, valant comme gymnastique spirituelle mais qui le détourneraient, pense-t-il, de sa personnalité. Le partisan décidé de cet égoïsme sévère s'ennuie parce qu'il mène trop petite vie, ignore les échanges, l'idéation désintéressée ; il a une allure contractée, défiante, l'air féroce et fermé ; haïssant l'humanité, crevant de la peur d'être dupe, l'égoïste retranché de la communion humaine s'appauvrit et se ratatine.

Nous allons produire, sous le titre un peu gros de ratés, et avec les réserves nécessaires, trois personnages qui ont crié d'ennui pendant toute leur existence : Benjamin Constant, Flaubert, Baudelaire.

Il y a du raté chez Benjamin Constant, si l'on considère qu'il a manqué toutes ses entreprises et gâché pitoyablement sa vie. L'ennui qui le minait fut d'une précocité paradoxale ; devançant l'expérience et la formation des idées générales, il procédait d'un vice structural, d'un défaut d'équilibre dans les facultés se trahissant dès leur premier jeu.

Étant un raté qui dirige mal ses efforts et se fourvoie, il fut un épuisé qui se décourage, et l'excès de souffrance le convertit au nihilisme ironique. Il n'eut ni enfance, ni jeunesse ; aucun voile sur les yeux ; il débuta par la sécheresse et l'analyse ; ses lettres en font foi, et principalement sa fameuse épître à sa grand'-

mère, écrite à douze ans : « Je voudrais qu'on pût empêcher mon sang de circuler avec tant de rapidité et lui donner une marche plus cadencée; j'ai essayé si la musique pouvait faire cet effet. Je joue des *adagio*, des *largo*, qui endormiraient trente cardinaux. Les premières mesures vont bien; mais je ne sais par quelle magie les airs lents finissent toujours par devenir des *prestissimo*. Il en est de même de la danse. Le menuet se termine toujours par quelque gambade. Je crois, ma chère grand'mère, que ce mal est incurable... » Et à propos du jeu dont il est témoin dans ses soirées mondaines : « Cependant le jeu et l'or que je vois rouler me causent quelque émotion... » Il s'accuse quelque part d'avoir des goûts fort étroits, et cet aveu vaut pour notre thèse : « C'est une triste chose que d'avoir des goûts aussi resserrés que les miens. Aimer et penser sont mes seules facultés : ce qu'on appelle amusements, distractions, abandon, n'existe pas pour moi ; la nature me rend triste ; les honneurs me blessent [1]... » La souplesse lâche de l'esprit qui se prête à tout, et aux distractions vulgaires, est une excellente parade contre l'ennui de vivre ; l'ennui de Constant dérivait de son impitoyable besoin d'analyse, de sa dissection acharnée des autres et de lui-même ; il se plaisait à hacher la vie en miettes histologiques, relevant du microscope. L'abus de l'analyse détruit les ensembles vivants, qui ont pourtant leur raison d'être.

1. *Journal intime de Benjamin Constant*, p. 256.

Il sème à profusion dans sa correspondance les formules mordantes de son immense dégoût : « Rien ne m'ennuie tant que ce qu'on me dit, excepté ce que je réponds. » « Je ne veux rien voir fleurir près de moi. Je veux que tout ce qui m'environne soit triste, languissant, fané. » « Je vous envoie de la poussière, mais c'est tout ce que j'ai. Je suis tout poussière. » « Je passerai comme une ombre sur la terre entre le malheur et l'ennui. » « Le sentiment profond et constant de la brièveté de la vie me fait tomber le livre ou la plume des mains, toutes les fois que j'étudie. »

Son livre *Adolphe* étale l'impuissance d'aimer et met au jour un héros navrant de faiblesse morale. — Enfin l'ennui chez Benjamin Constant était tellement encombrant et envahissant qu'il paralysait par son action déprimante sa merveilleuse lucidité critique, et il se trouvait entraîné, par la suite, à d'énormes sottises ; il n'est qu'à citer : ses deux mariages bâclés au petit bonheur avec des femmes sans parité aucune avec lui ; ses amours orageux et tragi-comiques avec Mme de Staël ; son amour-gageure pour Mme Récamier ; ses palinodies politiques, sa passion du jeu, etc. Cosmopolite sans racines, aventurier des passions, sa carrière aux lacets brusques côtoie les abîmes et s'égare dans les maladresses commandées par un ennui extravagant. On a voulu faire de l'égoïsme le trait dominant de son caractère ; rien de plus faux : l'égoïsme, sentiment conservateur, l'aurait unifié, se serait opposé à sa manie-suicide d'auto-destruction. Il a réfuté lui-même cette interprétation lorsqu'il a écrit : « Une des singularités de ma vie, c'est d'avoir toujours passé pour l'homme le plus insensible et le plus sec et d'avoir été constamment gouverné et tourmenté par des sentiments indépendants de tout calcul et même destructifs de tous mes intérêts de position, de gloire et de fortune. » (Lettre à Mme de Gérando.)

De l'ennui par désharmonie mentale nul n'a été plus représentatif que Gustave Flaubert : les grincements de sa pauvre machine seront longtemps une des curiosités de la littérature. Flaubert s'ennuie épouvantablement d'un ennui lourd, noir, asphyxiant, auquel il ne comprend rien, qui l'aveugle,

Comme l'eau qu'il secoue aveugle un chien mouillé.

Ce « patron des ratés[1] » avait des facultés tellement discordantes et ennemies qu'elles ne parvenaient point à se concerter, et leur action n'était pas pour aboutir à cet équilibre heureux qui est proprement l'intelligence. Aussi la lui a-t-on refusée. Anatole France prononce à cet égard : « Il était divers ; mais, de plus, il était disloqué et les parties qui le composaient tendaient sans cesse, à se désunir. » Il note « la désharmonie héroïque qui régnait sur toutes ses facultés intellectuelles et morales, et, ajoute-t-il, il y a là de quoi humilier notre petite sagesse : cet homme, qui avait le secret des paroles infinies, n'était pas intelligent[2] ». Brunetière écrit :

1. Mot d'Augustin Filon.
2. *Vie littéraire*, 3e série.

« Avant tout, par-dessus tout, Flaubert fut un artiste, rien qu'un artiste, et de ces artistes chez qui deux ou trois facultés prédominantes, exclusives, absolues, tyranniques, rétrécissent, absorbent et finissent littéralement par annihiler toutes les autres... Cette grande haine de la bêtise humaine... n'était rien de plus que la projection de sa propre sottise, à lui, sur les choses qu'il ne pouvait comprendre, et parce qu'elles étaient étrangères à son art... Pécuchet tout pur et Bouvard tout craché[1]. »

Mais nous dirons à notre tour que l'artiste ne prétend pas au développement méthodique de ses facultés, comme un professeur d'Université chargé d'un savoir encyclopédique ; ou comme un dilettante, au pas de promeneur, curieux de tout voir, d'entrer partout, et qui a le loisir de soigner toutes les branches de son esprit. L'artiste est, avant tout, un émotionnel, fier de ses émotions et qui les cultive jalousement ; il a le sentiment exalté de son originalité foncière et il l'aimera, fût-elle une pousse tératologique ; il vit en toute indépendance et naïveté, et jusqu'à l'outrance, des passions, des états d'âme qui seront le fonds personnel de son inspiration. Vivre un état d'âme, par exemple l'amour, la haine, le fanatisme, l'enthousiasme, c'est, pendant des années peut-être, ne voir le monde qu'à travers une illusion déformante ; c'est être en proie à une exaltation passionnelle qui est condition de créa-

1. *Histoire et Littérature*, t. II.

tion et matière d'œuvre d'art. Le talent requiert une excitation cérébrale violente; il se nourrit d'hallucinations. Mais, pendant ces périodes de monoïdéisme, les facultés proprement intellectuelles (raison, jugement, critique, etc.) un peu négligées, ne fonctionnent guère, et il se peut que l'édifice mental, dans son ensemble, soit en déséquilibre.

Flaubert, avec un parti pris d'isolement farouche, figura l'artiste intransigeant qui coupe les ponts entre lui et les hommes; il vécut en styliste, au sommet d'une idée fixe, somnambule d'un rêve interminable. Il rétrécissait son existence jusqu'à s'hébéter. Haïssant la médiocrité, et dédaignant trop de choses; épris de lyrisme et d'extraordinaire; muré en lui-même, visionnaire, s'irritant des difficultés de son art, toujours geignant, ayant rompu avec la vie variée, libre, attrayante, il fabriquait de l'ennui sans relâche. Sa *Correspondance* est un bréviaire que doivent tenir à portée de leur main ceux qui maudissent le jour où ils sont nés; on n'y entend que lamentations et hurlements; écoutons-le : « Ce sont comme des cataractes, des fleuves, des océans de tristesse qui déferlent sur moi. Il n'est pas possible de souffrir davantage. Par moments, j'ai peur de devenir fou... Dès que je ne tiens plus un livre ou que je ne rêve pas d'en écrire un, il me prend un ennui à crier. La vie enfin ne me semble tolérable que si on l'escamote... Mon isolement est absolu, et quand je n'ai pas beaucoup de chagrin, j'ai beaucoup d'ennui. Cela me change ! Après les larmes, les bâillements... Le désespoir est mon état normal. Il faut une violente distraction pour m'en sortir. Et puis, je ne suis pas naturellement gai... J'étais né avec toutes les tendresses pourtant! Mais on ne fait pas sa destinée, on la subit. J'ai été lâche dans ma jeunesse, *j'ai eu peur* de la vie! Tout se paye!... Je me sens vieux, usé, écœuré de tout. Et les autres m'ennuient comme moi-même. Cependant je travaille, mais sans enthousiasme et comme on fait un pensum... Tu ne peux pas te figurer mes fatigues, mes angoisses et mon ennui. Quant à me reposer, comme tu me le conseilles, ça m'est impossible. Je ne pourrais plus me remettre en route. Et d'ailleurs comment se reposer, et que faire en se reposant?... Rien ne me soutient plus sur la terre que l'espoir d'en sortir prochainement et de ne pas aller dans une autre planète qui pourrait être pire... Ah! non! assez, assez de fatigue! »

Nous avons chez Flaubert l'ennui au complet, fait de fatigue, d'incapacité mentale, d'efforts mal dirigés, de nihilisme. Cet ennui, qui était sa vie et son âme, a donné à ses œuvres leur saveur de mélancolie et de désespérance. Il le vivait; ce fut une des attitudes constantes de son esprit. Or, quand un de nos états d'âme prédomine à ce point et nous tyrannise, il se peut qu'après nous avoir servi il nous égare; le sentiment que tout est ennui, néant, farce grotesque, fournit à Flaubert le ton ironique de ses livres désenchantés; il lui inspire son chef-d'œuvre, *Madame Bovary*; mais il succombe à la vision accablante qui ne le quitte pas, et, en dépit de son labeur acharné, son sang se fige et sa verve se glace.

L'ennui de Baudelaire est fait des tares que nous examinons ici : stérilité intellectuelle, désharmonie mentale, et toutes les convulsions du raté qui s'épuise et n'aboutit pas. Détenteur de quelques sensations rares, frappées en vers d'un effet saisissant qui nous ensorcellent, sa poésie n'en a pas moins le souffle court, elle est embarrassée, peu variée. Certains critiques ont été durs pour lui : « ... Le pauvre diable, dit Brunetière[1], n'avait rien ou presque rien du poète que la rage de le devenir. » Scherer, à plusieurs reprises[2], l'a exécuté avec la même sévérité : « Partout un esprit lourd et prétentieux, partout l'impuissance et le vide... Baudelaire manque de substance intellectuelle... Aucune génialité. » Et redoublant : « Baudelaire, lui, n'a rien, ni le cœur, ni l'esprit, ni l'idée, ni le mot, ni la raison, ni la fantaisie, ni la verve, ni même la facture. Il est grotesque d'impuissance. » Max Nordau[3] lui fait son procès sans plus de mesure : c'est un dégénéré, un mystique, un érotomane, etc. Mais il dit avec raison : « L'incapacité de l'égotiste d'éprouver avec justesse les impressions extérieures et la peine avec laquelle son cerveau travaille, sont aussi la clef de l'épouvantable ennui dont se plaint Baudelaire et du profond pessimisme avec lequel il contemple le monde et la vie... »

1. *Questions de critique*, 1889.
2. *Etudes sur la littérature contemporaine*, t. IV et t. VIII.
3. *Dégénérescence*, t. II, p. 81-85 ; Paris, F. Alcan.

L'ennui de Baudelaire trahit une lassitude de vivre incroyable; la vie, qui nargue sa faiblesse, « l'insupportable, l'implacable Vie », lui apparaît comme une corvée de forçat : « Sue donc, esclave! Vis donc, damné[1]! » Il est fasciné par la mort, repos définitif de l'épuisé. Sensitif affamé, analyste minutieux de ses plaisirs que sa frénésie exaspère, il a trop demandé à ses nerfs, qui ont craqué. Il faut avoir vécu la vie minute par minute, avec un souci d'intensité effrayant, pour dire :

J'ai plus de souvenirs que si j'avais mille ans.

Il s'excite à la jouissance continue, il grave son *Memento vivere* de jouisseur dans la pièce *L'Horloge :*

Trois mille six cents fois par heure, la seconde
Chuchote : *Souviens-toi!...*
Les minutes, mortel folâtre, sont des gangues
Qu'il ne faut pas lâcher sans en extraire l'or!

Ces excitations forcenées à la débauche finissent par l'effondrement du fanfaron. L'ennui de Baudelaire est un collapsus après paroxysme; il est le frère de la nausée, il sent les lendemains pourris de noce crapuleuse; il a la langue épaisse, il parle avec une bouche d'amertume et de cendre; la peau est fiévreuse, l'estomac barbouillé; c'est l'ennui lié à l'accablement paralytique de la chair meurtrie, à l'éreintement ignoble de la sensualité morne; le corps est un lac de fange; l'es-

1. *Petits poèmes en prose.*

prit embourbé s'y débat, assailli de visions sinistres et d'imaginations lugubres. Dans les *Petits Poèmes en prose* et dans les *Fleurs du Mal* s'entend à toute ligne l'intonation râlante de l'ennui, un bâillement qui avoue et se prolonge. Inégal à son effort et à la vie, surmené lamentable, Baudelaire, prince des impuissants, n'a pas supporté en vain tant de souffrances : il est vraiment poète, il est unique par la vertu de l'ennui et du désespoir.

CHAPITRE III

L'ENNUI DES VIES MANQUÉES ET DES VIES FRAPPÉES D'INFÉRIORITÉ

Nous allons étudier dans ce chapitre l'ennui tel qu'il résulte, pour chacun de nous, des misères communes de l'existence.

L'ennui est un accident banal, le témoin journalier de notre vie. Nous signalerons d'abord *l'ennui des vies contrariées.*

Il n'est personne qui à son jour n'ait éprouvé la malveillance de l'univers qui nous ignore, et montré la figure froncée de l'ennui. Si le supplice est court, il ne fait pas état d'âme. Quelquefois, pourtant, on a envie de se suicider. Voici des cas où la durée s'en mêle. Le collégien, couché sur son pupitre, appelle de tous ses vœux les vacances et combine des farces drolatiques contre ses compagnons et ses maîtres ; le soldat prisonnier d'une caserne annote rageusement ses éphémérides ; le malade donne de la tête contre les murs de sa chambre ; les gens retenus en terre d'exil, dans un pays pris en aversion, tournent les yeux vers l'horizon de délivrance. Chacun de nous a ses jours où il « prend patience », rongeant son frein ou se rejetant sur un rêve.

L'ennui qui provient de nos mouvements contrariés prend une consistance plus douloureuse quand il se rencontre au départ de l'existence, alors que nous cherchons notre route et que tous les problèmes de la destinée nous assaillent à la fois ; notre ambition pressée et naïve n'a pas encore pris son parti de la lenteur accoutumée des choses. A notre entrée dans le monde, nous n'avons pas forme personnelle et notre vol est mal assuré ; il faut attendre avant que nos ailes nous portent. Beaucoup d'hommes, — et de ceux dont la carrière fut glorieuse, — tout en escomptant l'avenir, et avant que leur personnalité, gagnant en maturité, leur donne des fruits et de la joie, s'ennuient et tombent dans un découragement profond. Bismarck, en ses jeunes années, récitait son monologue d'*Hamlet;* Cavour, pour tromper l'inaction, essaie du jeu, songe au suicide ; Lacordaire s'écrie avec l'accent de René : « Où est l'âme qui comprendra la mienne?... A peine dix-huit printemps ont-ils épanoui nos années que nous souffrons de désirs qui n'ont pour objet ni la chair, ni l'amour, ni la gloire, ni rien qui ait une forme ou un nom [1]. » Michelet, qui connut des souffrances plus pénétrantes, témoigne dans son *Journal* de la profondeur de désespoir où le réduisirent les tortures que lui infligea le sort à quatorze ans, au temps où il tra-

1. *Lacordaire*, par le comte d'Haussonville.

vaillait à l'imprimerie de son père : « Dans ma pensée, ce temps reste comme un grand désert gris où le soleil ne se montrait jamais... Rien ne m'a mieux aidé à comprendre la sombre monotonie du moyen âge, l'attente sans espoir, sans désir, sinon celui de la mort, que d'avoir langui, enfant, pendant les dernières années de l'Empire... Ce mot semblera étrange dans la bouche d'un enfant, je me sentais *tari*. C'était une aridité sèche et triste, sans besoin de larmes, ce don du ciel que je connais aujourd'hui. Immobile à ma casse, sous l'ennui pesant, rien que l'ennui, j'appris ce que c'était que les longues heures ; ce que c'est que de travailler tard à quatorze ans, quand le bruit des pas des promeneurs vous invite, que les robes blanches passent, et que l'on croit les oisifs heureux[1]. »

Mais le temps qui ne s'arrête jamais, qui marche alors même que nous n'avançons pas, travaille pour nous ; les impatients ont tort de se briser la tête contre l'obstacle du moment. L'ennui temporaire des impasses, des journées mauvaises, des années maudites, est laissé à notre appréciation ; nous ne le prendrons ni au sérieux ni au tragique, alors qu'il est parfois tentant d'y mêler du désespoir ou des sottises ; mais il n'est qu'à l'user par la patience, à le larder d'ironie ; ou si, vraiment, l'heure présente est agressive, aiguisons notre caractère contre son glaive tendu.

L'ENNUI DES VIES MANQUÉES. — L'ennui qui s'attache

2. *Ma Jeunesse*, p. 75.

aux vies manquées est, en son fond, incurable; les minutes de joie que les estropiés définitifs ravissent au destin ne vont pas à les redresser; quand la vie n'est pas sublime, elle est pitoyable.

Il y a bien des façons de manquer sa vie, et cela parce que nous avons à mener de front deux existences qui rarement réussissent toutes les deux à la fois : une existence extérieure et une existence intérieure. Nous tenons un rôle public qui est presque un non-moi, un rôle de cabotin; et nous avons un moi intime qui est plus à notre ressemblance que notre figure sociale, qui est notre personnalité véritable.

Ces deux moitiés de nous-même peuvent ne faire qu'un bloc, et il en va ainsi chez les natures simples, harmonieuses; et en première hypothèse, nous posons : si, étant de ces unifiés, notre carrière sociale a conduit à leur épanouissement nos facultés essentielles, les plus représentatives de notre individu; si, d'autre part, le succès nous a servi ponctuellement, nous figurons l'homme heureux par excellence; heureux face au public, et devant son miroir, dans sa chambre; portant beau dans la coulisse comme sur la scène. Une telle réussite est un miracle à célébrer comme il convient, et le vainqueur n'a de compte à rendre qu'à l'ennui par satiété.

Passons à des lutteurs moins triomphants, qui sur deux parties jouées en perdent une.

Soit une carrière publique ascendante à souhait, marchant vers son couronnement, comblée de faveurs, mais qui a pour contre-partie le moi intime sacrifié, qui a dû se faire petit pour laisser grandir l'homme extérieur; froissé dans ses aspirations légitimes ou chimériques, ce moi caché protestera; notre âme a une plaie, notre vie intérieure nous apparaît comme manquée. — Ou bien, il se peut que notre vie extérieure soit ratée, celle que nous promenons dans les rues, qui paie patente; alors le sujet essaie de se rattraper sur les jouissances intimes et les trésors de l'intériorité. Ces deux cas, qui s'opposent, sont à examiner dans leurs rapports avec l'ennui.

Nous avançons cette proposition incontestable dans sa simplicité originelle : un homme se meurt d'ennui dans les fanfares mêmes de son triomphe, s'il n'a pas l'âme du personnage dont il fait les gestes.

Rien n'existe pour nous que les choses perçues et les aliments digérés : à quoi bon les richesses, les honneurs, un décor somptueux, une valetaille à nos ordres, si ces extériorités meurent à notre seuil, si dans notre poitrine une âme secrète est refoulée, étrangère à ce vacarme, et qui n'a pas reçu satisfaction? Parfois, quand le succès est gros, sonore, il peut intéresser notre vanité, assez pour nous empêcher de réfléchir; mais que dire des cas où nous sommes mis en demeure d'exercer une fonction détestée, qui nous vaut tout juste l'entretien quotidien?

Le divorce est fréquent entre l'homme et son rôle; mais nulle part il n'y a une distance plus grande entre le costume et le moi que dans la classe des fonctionnaires, et c'est chez les plus haut perchés que le désaccord est le plus criant. En effet, tandis que dans le commerce, l'industrie, les carrières libérales, artistiques, intellectuelles, il est difficile de réussir si l'on n'aime pas son métier jusqu'au fanatisme, si l'on ne met pas toute son intelligence dans ses affaires, il se trouve que dans les carrières administratives, dans l'armée, la magistrature, la bureaucratie, le clergé, on peut parvenir aux plus hauts grades en s'y laissant porter, sans avoir manifesté des facultés de premier ordre. Qu'est-ce qui a décidé l'ascension? Le favoritisme, la tactique de l'intéressé, le fonctionnement automatique de l'avancement. Les galons s'ajoutent aux galons; les décorations font brochette sur notre poitrine; notre traitement grossit en boule de neige; mais quoi! l'argent n'est qu'un objet d'échange; les titres les plus flatteurs perdent bientôt de leur sonorité caressante, et si nous avons épousé notre fonction pour sa dot, si notre âme est absente des exercices qu'on lui impose, l'ennui nous ronge sous notre uniforme flamboyant et sous nos caparaçons de gala.

Allons plus loin : en règle générale, une carrière surtout en façade, qui comporte un service social exorbitant, une tenue très surveillée, est pour froisser l'homme intérieur et contrecarrer notre goût naturel de liberté. Il suffit de se remémorer les déclarations concordantes des moralistes : l'homme est un animal qui garde son fonds sauvage, en dépit des pédagogies prétentieuses; ses passions, ses appétits se placent au-dessus des lois; la civilisation la plus parfaite est celle qui fabrique le plus de muselières. — S'il est vrai que l'animal humain soit de nature indomptable, qu'il nourrisse un désir immodéré de jouir, d'être libre, il suit de là que les praticiens des professions sévères, à redingote glaciale, à soutane, à haute cravate; les embrigadés des carrières hiérarchisées, encombrées de chefs, chargées de formalisme, de réglementations, où la part est énorme faite à l'étiquette, à la discipline, à la parade, à la corvée; les pontifes de tous grades, de toutes catégories, éprouveront, dans le tréfonds personnel et secret de leurs âmes, les protestations, les colères, les rages bâillonnées d'un ennui recuit et condensé. Le ligoté, à figure revêche, regimbe contre ses liens; il a un jetage de paroles virulentes sous le masque qui l'étouffe et lui mange le visage. L'homme vrai bâille et grimace derrière ce déguisement professionnel qui est sa caricature; vienne l'heure où il quitte son estrade, où il se démet momentanément de son rôle, quel changement à vue! l'acteur solennel fait place à un gamin joyeux qui brise en mille morceaux les attitudes du mannequin.

L'ennui des fonctionnaires, et de ceux qu'on peut appeler les officiels, est dénoncé par la négligence proverbiale que tous apportent dans leurs fonctions assommantes; par la jalousie féroce entre collègues qui se disputent l'échelon de l'avancement; par une propension singulière vers la débauche brutale, revanche de leurs dehors hypocrites et gourmés; enfin par une haine spéciale et furibonde au delà du croyable dirigée contre les types d'hommes qui sont l'antithèse criante de l'embrigadé tremblant, du bourgeois confit dans son sacerdoce ; nous entendons nommer : le spéculatif, esprit serein qui se joue de la mascarade sociale ; l'insouciant bohème des professions artistiques ; l'aventurier hors cadre que ses avatars divertissent, et toujours supérieur à son emploi présent.

Nous concluons : nous manquons tous plus ou moins notre vie intime, la vraie, celle dont nous gardons les dates, vie du cœur, des sens, de l'esprit, vie de l'imagination et du rêve, parce que nous sommes l'acteur guindé d'une profession qui accapare nos forces, nous déforme et nous spécialise, et nous nous ennuyons mortellement dans les fers qui nous entravent et sous le costume qui nous déguise.

Arrivons à dire ce qu'il faut penser de ceux qui ont manqué le but ostensible qu'ils visaient.

Un pauvre diable en pleine déroute qui sauve ses épaves et panse ses blessures n'a pas tout d'abord le temps de s'ennuyer. Mais les lendemains à jamais mornes qui suivent ces jours agités sont accablants. Examinons de plus près cependant ceux qui échouèrent dans la carrière qu'ils avaient entreprise. On peut les ranger dans deux classes : dans la première nous mettons ceux qui se fourvoyèrent dans un emploi qui n'allait pas à leur taille, où ils se montrèrent à leur désavantage ; ils le tenaient avec des nonchalances appuyées qui faisaient fuir le public ; dans la seconde, se placent ceux qui ont péri moins par manque de vocation que par le défaut de chance. Ces deux groupes ont une origine un peu différente, mais le malheur identifie bientôt leurs physionomies ; quelle que soit la cause de leur défaite, tous les vaincus finissent par se ressembler. Comment se comportent les vaincus de la profession sociale? Ils chercheront des compensations du côté des sensualités faciles : ils se rejetteront sur le « sentiment » (amour, amitié, affections de famille), domaine agréable des discours vagues et des actes peu impo[illegible]tants. Qui n'a pas le préjugé des apparences s'in[illegible]it joyeusement contre l'arrêt du destin et ne manquera pas entièrement sa vie : les naufragés passés à l'insouciance, les réfractaires qui ont refusé le licol et le harnais d'un métier ont les premiers découvert les jouissances infinies que recèlent la paresse et les femmes, le printemps embaumé, les routes ouvertes sur la campagne, la contemplation des ciels changeants, les cigares lentement savourés.

Si nous disons maintenant que toute vie est plus ou moins manquée, parce que personne ne remplit son idéal ou n'atteint le bonheur absolu, qui nous contredira? Les richesses, les loisirs n'y font rien ; notre démon est dans notre cœur. C'est ainsi qu'entre autres plaintes on entend retentir partout ces mots lamentables : Je n'ai pas été compris ! je n'ai pas été aimé comme je méritais de l'être ! personne ne s'est donné à moi ! je n'ai été connu de personne ! etc. Ah ! que d'amertume au fond des cœurs ! que de nuages sur les fronts! Ne serait-il pas bon, à la satisfaction du soupir universel, de ramener l'amour du ciel en terre, de le faire descendre des hauteurs éthérées où le lyrisme imprudent des passionnés et des poètes l'a fait monter; en un mot, d'en donner une définition plus large et plus compréhensive, afin que tout le monde pensât y avoir participé? Les joueurs résolus prennent plus d'un billet à la loterie... La femme, moins douée, moins rebondissante que l'homme, a moins de branches où se rattraper; elle met son seul avenir dans la vie du cœur et du sentiment; et elle se range avec une résignation touchante parmi les existences manquées dès qu'elle a désespéré de recevoir les satisfactions sentimentales qu'elle attendait d'un mari, d'un amant, de son désir d'être mère.

L'ENNUI DES VIES FRAPPÉES D'INFÉRIORITÉ. — Il serait oiseux de définir ce que nous appelons une vie frappée d'infériorité : ces mots s'entendent d'eux-mêmes et les développements qui vont suivre jetteront toute clarté.

Un cas simple d'infériorité manifeste, et qui mène à l'ennui, est celui du malade chronique : la vie se ferme pour lui ; il pourra accepter, pourtant, sa condamnation, et, à force de vivre dans un horizon fermé, oublier les séductions du monde ; il est des paralytiques cloués au fauteuil, ramassés dans l'intérêt palpitant de leur situation, qui déclarent ne pas connaître l'ennui.

Des souffrances excessives, supportées à l'aurore de la vie où l'âme est tendre, détériorent l'être à jamais et lui donnent le pli de l'ennui. Il en va ainsi chez tant d'infortunés, dont l'enfance et la jeunesse furent salies par la misère et les humiliations. Quelques-uns se renouvellent, — vitalité supérieure, destinée enfin triomphante, — et voient s'effacer la griffe des mauvais jours; le plus grand nombre ne se relève pas des épreuves par trop cuisantes, et ils en gardent, disons-nous, un nuage sur le front et des ténèbres au fond de l'âme. La richesse conquise, la gloire même, l'éloignement dans le temps, notre transformation par les années ne sont point une garantie contre la morsure des souvenirs :

On meurt en plein bonheur de son bonheur passé.

Esquissons maintenant une revue générale des stigmatisés de l'ennui.

Il y a ennui par sentiment d'infériorité dans toute vie qui n'est pas de premier rang. De cette proposition nous déduisons l'ennui des subalternes, des humbles, des petites gens, des races domestiquées et esclaves, des avilis du sort, peuples ou individus. Derrière les chefs qui ont l'initiative et qui triomphent : audacieux qui raflent les richesses et les jouissances; derrière les acteurs de grands rôles acclamés, marquent le pas et s'ennuient les comparses, les obscurs, les manœuvres qui ont dressé la table servie, qui ont construit le palais habité par les maîtres, qui furent à la peine et ne sont pas à l'apothéose; les figurants, les anonymes qui composent la foule; les pauvres hères, les parias qui font le troupeau.

Tous ceux qui n'ont pas rempli leur juste destinée, qui ne furent pas les enfants gâtés de la fortune, sont frappés d'infériorité et s'ennuient. Rentrent dans cette catégorie les candidats à la gloire ou à la richesse qui n'ont pas décroché leur timbale; les disciples ou les imitateurs de grands hommes qui marchent dans le sillage d'un héros; les *minores* qui n'ont pas régné; les timides qui ne se sont pas produits; les impersonnels agis par les autres; les indiscernables aux traits effacés qui n'ont pu parvenir à une figure individuelle, émerger hors de la banalité. — S'ajoutent à ce lot, blessés de l'ennui, tous ceux qui ont connu les lendemains de la prospérité et du bonheur : les rois détrônés, les riches tombés à la ruine, les politiciens en disgrâce, les vaincus de la conquête étrangère, les classes refoulées dans l'ombre des partis d'opposition ; — et encore, les éplorés qui survivent à des êtres chers, les retraités en demi-solde, les expulsés, les délaissés, les gens cassés aux gages, les détrompés, les cœurs brisés, les dégoûtés de soi et des autres.

Le souvenir poignant d'une erreur commise, de fautes lourdes, difficiles à réparer, produit un sentiment d'indignité et d'ennui. Il en va ainsi chez le défroqué que son ancien habit obsède, qui porte dans le fond de son âme un *ergo erravi* lancinant; chez le naïf plumé vif, à qui ses illusions ont été arrachées un peu brutalement; chez l'homme qui a trop cru aux promesses de son imagination, aux élans de son cœur, et qui finit désabusé honteux, nigaud à figure longue; et tous ceux qui ont débuté par une jeunesse follement ingénue, idéaliste par delà les étoiles, gardent, dans la suite des années, l'air atterré et penaud d'imprudents qui ont reçu une formidable raclée.

Le sentiment d'infériorité est particulièrement subjectif, mais amène un ennui réel chez ceux qui souffrent d'une disproportion entre leur taille et leur armure ; et soupçonnent n'être point à la hauteur de leur chance invraisemblable : rois écrasés par leur trône ; millionnaires empêtrés dans leur fortune ; parvenus déconcertés par leur élévation trop rapide ; hauts dignitaires de fonctions transcendantes mal préparés à leur emploi et qui n'ont pas l'envergure de leur rôle.

L'auto-suggestion est prépondérante, et à elle seule fait l'ennui, chez nombre de ceux que leur imagination tourmente et humilie : rêveurs maladifs en désaccord avec la réalité et qui prendraient volontiers pour devise le mot fameux : « N'importe où, hors du monde » ; imaginatifs purs, amants de la lune, enflés de prétentions irréalisables ; têtes fêlées, têtes creuses où sévit l'esprit romanesques, qui consiste à vivre au delà de l'horizon, alors qu'on est incapable de tirer des choses qui nous entourent leur saveur, leur grâce, leur agrément, et, si l'on veut, leur poésie.

S'éprouvent inférieurs et s'ennuient, par suggestion encore, ceux qui se déprécient à plaisir par d'incessantes comparaisons. Ils regardent de bas en haut, s'accusent d'être laids, pauvres, foulés aux pieds, misérables, ils font de la « haine de classes » et maudissent leur sort qu'ils mettent en parallèle avec celui des favorisés. La comparaison de soi avec autrui, qui est un bon exercice, a toujours produit l'effet, chez ceux qui en usent à tort et à travers, d'une arme qui les blesse : « Si on ne voulait qu'être heureux, cela serait bientôt fait; mais on veut être plus heureux que les autres; et cela est presque toujours difficile, parce que nous croyons les autres plus heureux qu'ils ne sont[1]. » Oui, comment savoir au juste où l'on en est? Retours sur soi peu réjouissants, jalousie qui sonde le bonheur des autres, terreur d'être le dindon de la farce, de n'avoir du festin que les miettes, voilà bien le thème de l'ennui.

Nous signalons un état d'infériorité véritable, partant l'ennui, chez les suppliciés et emmurés du ghetto domestique ; les cas suivants se rencontrent fréquemment : le fils abruti par le despotisme du père, qui en demeurera à jamais courbé ; — la jeune fille qui s'étiole à l'ombre mortelle de la maison familiale et invoque l'époux-sauveur qui la délivrera; — la femme annihilée méthodiquement par son mari, réduite à un servage tremblant ; — le mari-valet, bête de somme du ménage, succombant sous le faix, et qui disparaîtra le premier.

Enfin tous les malchanceux, les égarés en un métier où ils se montrent insuffisants, les dépaysés qui se meurent d'asphyxie dans un milieu non respirable;

1. Montesquieu.

tous ceux condamnés à vivre au rebours de leur nature ; les fourvoyés de toute catégorie sont mis en état d'infériorité et s'ennuient. Il en va ainsi de l'actif mis aux travaux forcés de la sédentarité ; du sensitif douillet qu'on jette dans une carrière d'action dont la rudesse le déchire et l'abat. Le sociable sans compagnon, qui ne trouve pas de société où s'agréger, est atteint de paralysie foudroyante ; mais s'il est laissé seul, il ne peut plus penser, agir, manger ; et le solitaire n'est plus lui-même, si l'on envahit sa solitude, si l'on ne respecte pas sa misanthropie, sa méditation, son rêve, son silence. S'ennuient aussi le rural transplanté à la ville, qui ne peut s'y acclimater ; le citadin exilé aux champs qui pense y périr d'inanition mentale et de détresse.

Nous n'insistons pas davantage : l'idée que nous exposons est d'une fécondité d'exemples infinie et nous en fixons la formule en ces termes : il y a état d'ennui toutes les fois que violence est faite à notre personnalité, longue violence entraînant une dépression sensible de notre vitalité.

Nous allons maintenant produire des tableaux plus détaillés où nous ferons saillir les stigmates d'ennui qu'imprime sur la figure du patient l'infériorité de sa condition. Nous allons dire l'ennui des successeurs, l'ennui du peuple, l'ennui de la vieille fille.

L'ENNUI DES SUCCESSEURS. — Un continuateur par rapport au créateur, et, pour préciser la question, un fils qui prend la suite du métier paternel, éprouvent presque fatalement cette impression que l'intérêt de l'œuvre où ils viennent s'atteler était tout entier au temps du prédécesseur; qu'ils font de l'imitation, à la suite du fondateur qui a eu les joies de l'initiative et de la création. Cette vue a sa justesse. Le successeur d'une charge, l'héritier d'un établissement dynastique devront bannir de leurs procédés toute innovation qui dérouterait la clientèle; ils sont tenus de se conformer à un rituel, de calquer des gestes consacrés; il leur faut endosser la défroque d'un mort, chausser ses souliers, jouer au sosie, au double. La tradition est lourde à soutenir, particulièrement pour le successeur d'un père opérant dans le bâtiment même où rôde obstinément son ombre. Quel tremblement pieux nous saisit quand nous rapportons nos actes à la mesure de cet auguste modèle! Et marchant derrière ce spectre, redisant ses paroles qu'on nous a soufflées, dans cet air fade respiré dès l'enfance et qui ne se renouvellera pas, l'impression est accablante du « déjà vécu » qui aplatit absolument notre propre sensation de vivre. Les continuateurs, les imitateurs tombent sous le coup de l'ennui, parce qu'ils sont condamnés à la copie servile et à de passives contrefaçons.

Dans l'ordre général se retrouve cette diminution des descendants par le souvenir idéalisé des ancêtres : les épigones sont écrasés par les protagonistes; et pour se défendre contre des comparaisons qui tendent à nous rabaisser, il est de tradition que la génération nouvelle contredise et insulte celle qui la précède[1].

L'ENNUI DU PEUPLE. — Le peuple est voué à l'ennui, il y est immergé de naissance parce que son existence est grossière, sans intérêt supérieur, livrée aux travaux épuisants; à lui les produits avariés, les logements malsains, les mauvaises places, les plaisirs ridicules. « Qu'est-ce que pour le peuple la beauté du printemps? Rien. Le ciel étoilé? Rien. Que lui dit l'art? Rien. Que sont pour lui la poésie, l'amour? Rien. Tout lui est interdit par la *réalité*, car c'est elle qui de son poing de fer le courbe dans la fange[2]. » Oui, incolore, plate, nulle, assommante, est la condition de l'homme du peuple.

Dans la classe populaire, le corps naît, se forme, peu apte à la joie, parce que les générateurs sont des surmenés du travail morne, parce que l'enfant pauvre sera mal nourri, mal soigné, ravagé par des maladies interminables. Il grandit, tant bien que mal; les travaux forcés commencent de suite : à l'usine! à l'atelier! et quel air! quelle nourriture! quelles récréations! quelle hygiène! Dans ce corps au développement contrarié, qui ne sera point couronné par une intelligence culti-

1. Musset retrouve cette impression d'accablement pour qui marche à la suite, jusque dans l'idée « que nous sommes nés trop tard dans un siècle trop vieux ». Sully Prudhomme, dans le même sentiment, dit :

> Ah! frustrés par les anciens hommes,
> Nous sentons le regret jaloux
> Qu'ils aient été ce que nous sommes,
> Qu'ils aient eu nos cœurs avant nous!
>
> (*Printemps oublié.*)

2. Multatuli.

vée et ouverte, nous disons que l'ennui élit domicile, l'ennui étant la conséquence d'une mauvaise physiologie, et aussi, absence de fleurs mentales, manque de sensations brillantes, excitatrices. Vue dans sa réalité objective, que vaut la vie de ce primitif aux joues grises, au cerveau mal trempé? C'est une vie de forçat rivé à son boulet et dont il ne pense qu'à s'échapper. L'homme du peuple n'a pas d'argent, aucun loisir; il n'a ni esprit, ni imagination pour le distraire. Comment s'y prendra-t-il pour s'amuser? Il ne connaît à proprement parler que les fêtes officielles ou les réjouissances publiques, car il n'est jamais sûr de s'amuser quand il s'amuse tout seul. Comme il désire en être, voir quelque chose; comme il fait la haie des heures, dans la poussière, dans les bousculades; comme il se dresse sur la pointe des pieds, grand enfant qui n'a pas été gâté! Il contemple passionnément le mur derrière lequel se passe quelque chose, et il hume la fumée des festins. Pauvre bête de troupeau à qui on jette les os! — Mais du fond de son noir taudis, l'esclave prétend s'élever d'un bond au sommet lumineux du bonheur, et il fait appel à l'alcool. Hélas! tant vaut le système nerveux, tant vaut l'ivresse; grossissement, non point création, elle ne fera pas danser des idées gaies, dans sa triste cervelle. Et l'alcool, agent de destruction, stupéfiant sinistre, fait tourner au noir cette vie grise, la roule à l'abîme. — Est-ce l'amour qui relèvera le cœur de ces misérables? Ah! comme ils l'ignorent! Incapables des roucoulements prolongés du sentiment et du rêve, ils sont inférieurs encore à tous les moments de la fête : il manque à ces amoureux mal préparés trop de choses et la personnalité triomphante; dans une chair de grain épais, la volupté n'a point ses suprêmes finesses; la jouissance manque de nuances, demeure fruste et comme rugueuse[1].

L'ennui séculaire du peuple est fait de misère physiologique et mentale, d'un faisceau de réalités sordides. Son correctif préféré est le maniement provocateur des mots défendus, la déclamation révolutionnaire; jamais le peuple ne renoncera au rêve secret de ce coup de théâtre magique qui s'appelle une révolution; journées sublimes où lui reviennent les acclamations, où lui sont distribués les premiers rôles; et le prolétaire, si souvent lamentable à voir et ridicule, revêt, quand il délire, un aspect redoutable.

L'ENNUI DE LA VIEILLE FILLE. — La vieille fille concentre dans son cœur un ennui amer à l'excès, car il est une essence où sont broyés tous les ennuis humains. Elle a été jeune fille, pensant à l'amour comme à son unique destinée, qui ne lui ferait pas plus défaut que la terre sous ses pieds. L'amour vaut comme joie de l'esprit qui a conquis une ivresse, comme embellissement de la chair qui resplendit; le corps qui s'en repaît, se développe; l'amour est notre orgueil et la chaleur du sang; par lui commence notre initiation au

1. Les joies du peuple sont sans lendemain : c'est, comme qui dirait, des plaisirs d'imbécile.

monde; l'ignorer, c'est se fermer les deux tiers de la vie. Chez la femme, à qui l'action extérieure est mesurée, bien des sentiments délicats ne trouvent leur issue et leur voix que dans l'amour.

La jeune fille attend jour par jour la révélation qui n'a pas de pareille : eh quoi! un bonheur si répandu est d'une rencontre si difficile! Que le premier passant venu devienne son initiateur! Mais une famille monte la garde autour de sa personne; elle est de bonne race qui joue le tout ou rien; des croyances religieuses la tiennent emmaillotée, et elle est soutenue et retenue par sa foi en l'avenir. Elle se repliera sur elle-même; la décroissance de ses espoirs est représentée par la régression atrophique de son être. Désormais l'ennui est sa manière de sentir, tout son caractère. — La vieille fille vit une existence manquée qui se sait inférieure sous tous ses modes. Que de choses, lui étant interdites, prennent à son approche des airs sybillins et moqueurs! Les livres, la conversation, l'art sont remplis pour elle de recoins ténébreux; elle n'entend pas la valeur intégrale des mots; elle ne possède pas la plénitude et la saveur cachée des choses. L'idée fixe de son échec, d'heure en heure plus irréparable, est le canevas qu'elle brode; elle assiste avec une horreur secrète à la mort lente des germes inféconds qu'elle recèle. Quelles que soient ses allures, et qu'elle soit spirituelle, qu'elle soit bête, qu'elle soit insupportable, qu'elle soit touchante, elle a les tons faux, les effets cocasses d'un ignorant, d'un fantoche ou d'un inclassable. Elle fait pitié quand elle s'essaie à la joie ; on sent qu'elle joue désespérément des équivalences impossibles ; qu'elle vise des analogies illusoires.

L'ennui de la vieille fille repose sur un sentiment poignant d'infériorité et de déveine ; il a à sa disposition un réservoir de forces dormantes et il peut se transposer et sortir en jets d'altruisme abondamment déversés. Généralement il se manifeste par un suintement continu d'aigreur, par de la méchanceté militante qui déclare la guerre à tout ce qui a figure de bonheur ; et, à certains jours de pleine conscience, il devient la sensation douloureuse à s'évanouir d'une immense déconfiture.

CHAPITRE IV

L'ENNUI PAR MONOTONIE

La monotonie est cause courante d'ennui, cause perpétuelle, et nous passons le meilleur de notre temps à lutter contre elle. Changerions-nous sans cesse de place, de cadre et d'occupations, que la même personnalité se retrouve, et nous voilà ramenés à la monotonie et à l'ennui. La vie oscille entre deux lois : l'habitude et le besoin de changement (conservation et évolution) ; le débat est toujours ouvert entre ces deux termes, et c'est tout le problème de l'ennui qui se trouve agité. Le besoin de changement est pour l'emporter. Plus un être est vivant, doué d'ardeur, plus il est avide d'action où il s'étende, de sensations neuves qui le maintiendront en élan et en joie.

L'ennui naquit un jour de l'uniformité.

Mais, dira-t-on, n'y a-t-il pas des états d'habitude qui sont aimés pour eux-mêmes et auxquels nous ne voudrions rien changer? Ils s'imposent à nous par une impression de sécurité et de douceur dont l'enchantement est sans pareil. C'est une monotonie savourée comme exquise qui a dicté la parole du moine : *Cella continuata dulcescit*. Et encore : *O beata solitudo! o sola beatitudo!* Elle est envisagée comme délicieuse la monotonie des horizons immuables et des pas comptés que le poète appelait par ce vœu :

Naître, vivre et mourir dans la même maison.

On peut répondre : la douceur recherchée des états d'immobilité est chose fugitive et s'affadit bientôt; l'habitude est le plus doux des sirops, mais il est soporifique. Vivre, c'est se renouveler.

Nous identifierons, sans plus, monotonie et ennui. La monotonie nous presse et nous enveloppe sous des formes communes et banales qu'il est inutile de recenser; elle a ses formes plus rarement perçues que nous mettrons en évidence dans les descriptions qui vont suivre.

La monotonie de la vie. — Avant de passer en revue les effets de la monotonie dans les cas particuliers, nous dénonçons le fait de la monotonie qui s'étend à à l'existence entière.

La vie n'est, à proprement parler, vierge et *nouvelle* que quand on la découvre pour la première fois; mais ces révélations s'épuisent, la jeunesse y suffit, vendanges sont faites; il ne reste à noter pour notre amusement ou notre ennui, que répétitions inutiles et nuances sans intérêt.

La monotonie de la vie, avec ses retours éternels, *semper eadem*, n'a la valeur d'une idée, et donc n'est une cause d'ennui, que pour les penseurs capables d'ascensions élevées et de regards métaphysiques; le vulgaire, qui cherche du nouveau dans la rue et que le détail retient, ne prend point garde à cette conception générale qui le dépasse. Le philosophe sera obsédé par l'identique retrouvé sous les apparences vainement changeantes. Amiel, ivre d'infini, écrit[1] : « Qu'est-ce au fond que la vie individuelle? Une variation du thème éternel : naître, vivre, sentir, espérer, aimer, souffrir, pleurer, mourir. Quelques-uns y ajoutent s'enrichir, penser, vaincre; mais en fait, comme que l'on s'extravase et se dilate et se convulsionne, on ne peut que faire onduler plus ou moins la ligne de sa destinée... Le tout est toujours le trémoussement de l'infiniment petit, et la répétition insignifiante du motif immuable[2]? »

Dans une langue moins noble et avec une âme plus meurtrie de sensitif démesuré qui s'est rué sur toutes les jouissances, Maupassant constate avec stupeur que tout est rabâchage et redites, qu'en quatre pas on fait le tour du monde, et dans son livre le plus personnel, *Sur l'eau*, il laisse passer quelques confidences : « D'autres hommes, parcourant d'un éclair de pensée le cercle étroit des satisfactions possibles, demeurent

1. *Journal intime*, 12 septembre 1870.
2. Les sermonnaires religieux et les moralistes font état de la monotonie de la vie et de son identité fondamentale pour nous enlever nos illusions de papillon fou et nous détourner de la poursuite décevante des apparences.

atterrés devant le néant du bonheur, la monotonie et la pauvreté des joies terrestres. Dès qu'ils touchent à trente ans, tout est fini pour eux. Qu'attendraient-ils ? Rien ne les distrait plus ; ils ont fait le tour de nos maigres plaisirs. Heureux ceux qui ne connaissent pas l'écœurement abominable des mêmes actions toujours répétées ; heureux ceux qui ont la force de recommencer chaque jour les mêmes besognes, avec les mêmes gestes, autour des mêmes meubles, devant le même horizon, sous le même ciel, de sortir par les mêmes rues où ils rencontrent les mêmes figures et les mêmes animaux. Heureux ceux qui ne s'aperçoivent pas avec un immense dégoût que rien ne change, que rien ne passe et que tout lasse (p. 55)[1]. »

Cette obsession presque maladive d'une monotonie accablante reconnaissait des raisons nombreuses, et Maupassant ayant sa place dans cette étude, nous ajouterons à son sujet ces lignes tirées d'un article où sont confrontées sa biographie et ses œuvres : « Les dix longues années de sa vie de bureau, avec sa routine et « son éternel recommencement des choses », ne durent pas peu contribuer à lui donner cette sensation que « tout se répète sans cesse et lamentablement » et à soulever en lui « cet écœurement abominable des

1. Sénèque nous dit : « Quelques-uns ont pris le parti de mourir, en voyant qu'à force de changer ils revenaient toujours aux mêmes objets, parce qu'ils n'avaient plus rien de nouveau à éprouver. Ainsi les a pris le dégoût de la vie et du monde, et alors leur échappe ce cri des voluptueux blasés : « Quoi ! toujours la même chose ! » *Fastidio illis esse cœpit vita, et ipse mundus: et subit illud rabidorum deliciarum : quousque eadem ?* »

mêmes actions toujours répétées ». Dès lors, ce dégoût des habitudes ne cessera plus de hanter l'esprit de Maupassant ; il en variera seulement le thème. Des employés, il passera aux mondains et aux artistes, comme si son expérience personnelle lui avait appris que ni la position, ni les préoccupations de l'ordre le plus élevé ne défendent les hommes de ce renouvellement banal de nos actes[1]. »

Mais pour sentir toute la monotonie de la vie, il faut en sentir tout le néant : l'ennui est alors le produit de la pensée réfléchie qui a sondé le fond des choses et a rencontré le vide. Le vulgaire bâille un moment, puis se distrait à bon compte. On n'a pas le droit de dire qu'on s'ennuie et que la vie est monotone, si on prend encore plaisir à jouer aux cartes et à aller au café.

L'ENNUI DANS L'EXERCICE D'UN MÉTIER. — Un métier est une leçon apprise moins pour notre joie que pour nous mettre aux ordres du public qui tirera indiscrètement nos ficelles. Il est un moule qui nous fait une figure reconnaissable ; en nous spécialisant, il nous mutile ; il nous impose des gestes, des clichés qui nous accompagnent partout ; il nous gratifie de déformations, de ridicules, de maladies à son empreinte. Un métier est une servitude détestée.

Le débutant dans une profession qu'il a souhaitée goûtera tout à l'entrée des joies que sa naïveté mesure :

1. « Maupassant peint par lui-même », par G. Chatel : *Revue Bleue*, 11 juillet 1896.

ravissements de prêtre à ses premières messes. Il a un titre, une enseigne! on s'adresse à son savoir, à sa maison! il gagne de l'argent! Ces émotions de néophyte investi d'un sacerdoce ont leur fraîcheur agréable, mais si vite fanée!

Les hommes ne haïssent rien autant que leur métier qui les prend du matin au soir, qui les façonne des pieds à la tête; ils lui reprochent leurs gestes de pantins, mais, ce moteur enlevé, ils n'ont plus que des gestes de fous; ils ne peuvent se passer de son action directrice, sauf à en atténuer la prise trop forte, se dérobant à la besogne abêtissante par l'alcool, les fugues, les vices, les passions, les ambitions extra-professionnelles qui créent un alibi. Un métier, c'est l'ennui en permanence, et à tout instant surgit la tentation de prendre la fuite, de *tout envoyer promener*.

Le service strict des pratiques et rengaines dont nous avons la charge est le bât qui nous blesse profondément. L'effort professionnel qui fatigue toujours les mêmes ressorts a pour corollaire l'épuisement. L'œuvre commandée qu'il nous faut chaque jour mener à terme par les mêmes chemins n'est pas pour respecter les variations perpétuelles, le graphique capricieux de la force nerveuse. Notre activité nerveuse n'est pas égale à elle-même d'un jour à l'autre, et elle a aussi ses variations diurnes. Celui qui a la libre disposition de ses mouvements modifie sans cesse son allure et n'accomplit pas aux mêmes heures, plusieurs jours de suite, un même cycle d'occupations; l'esprit répugne aux recommencements prochains ; de même qu'on ne se baigne pas dans le même fleuve, on ne se réveille pas deux matins de suite dans le même corps. Or, l'obligation impérieuse d'une tâche quotidienne, à régularité d'horloge, est la méconnaissance des lois les plus délicates de l'activité physiologique. Quoi de plus épuisant, quoi de plus sinistre qu'un travail obligatoire, exécuté vaille que vaille en des heures d'impuissance et de dégoût !

Mais n'y a-t-il pas des métiers moins assujettis à la répétition lourde, où la monotonie des actes est plus émaillée de variantes ? Assurément, et la jalousie publique nous les désigne ; elle va aux professions inscrites dans ces cadres reluisants : journalisme, politique, théâtre, art, littérature. Publicistes, politiciens, comédiens, artistes créateurs, vivent, semble-t-il, une existence supra-terrestre, tissée d'émotions surhumaines et d'actes prodigieux. L'actualité retentissante qui nous réclame, l'événement du jour à vivre, c'est chaque matin une affiche neuve qui met en élan et en verve l'heureux privilégié qui a su se choisir une profession de haut goût ; ainsi en va-t-il pour les journalistes toujours haletants, anhélants ; pour les hommes politiques portés par l'acclamation des foules, qui ne quittent pas la tenue d'arène et de combat ; heureux et privilégiés aussi, les acteurs, les gens de théâtre qui paradent sur une estrade flamboyante, jouent le jeu affolant des bravos et des sifflets ; et encore les écrivains, les artistes qui jouissent de leur fantaisie qui a toute licence, des agrandissements successifs de leur personnalité, tandis qu'ils ont les mains pleines de billets pour la tombola de la gloire[1]. Nommons à leur suite, enviés pour leurs occupations réputées alléchantes, les banquiers, les boursiers, les gens de sports, les brasseurs d'affaires, les commerçants à grosses entreprises, *les circulatores* à plusieurs résidences qui jouent *la saison* et la mode, raflant des gains faciles. Oui, les métiers à créations et à surprises quotidiennes, ceux qui roulent sur des intérêts considérables, qui évoluent dans l'aléa et l'aventure, échappent, en partie, à la monotonie professionnelle, et la foule les jalouse, les jugeant situés hors de l'ennui où elle étouffe.

L'ENNUI DANS LE MARIAGE. — Le mariage est un tête-à-tête interminable entre personnes qui n'ont le plus souvent quelque chose à se dire qu'au moyen de mouvements corporels silencieux; un contrat sévère par lequel les deux conjoints soucieux de rester unis s'engagent à marcher au même pas et vont à se neutraliser réciproquement; deux êtres, naturellement bornés, sont mis en demeure d'amender leur personnalité et leur caractère, afin de se mettre de niveau, de pouvoir se

1. Taine marque la différence qui existe entre les professions bourgeoises de labeur morne et les professions artistiques, un jour où, se trouvant de passage à Bordeaux, il est frappé de l'air de fête que prend le soir la grande ville commerçante : « Ils ont des raisons de s'amuser ; depuis que je fais un métier, je sens ce que c'est qu'un métier. On veut en sortir, oublier la platitude, la monotonie des affaires, faire boire à tous les sens une sorte de vin de Champagne. — La vie de l'artiste, de l'écrivain est tout autre. Il a joui, produit, fait œuvre d'homme pendant le jour : il lui faut le repos du soir. » (*Carnets de voyage : notes sur la province*, 1863-1865. p. 67.)

comprendre et s'aimer. L'ennui naît de ces tristes compromis.

L'ennui commence aux fiançailles ; la jeune fille, autour de qui évoluait tout un escadron de courtisans, n'a plus qu'un seul homme en face d'elle. Le jeune homme qui va faire sa cour se présente comme abdiquant sa liberté ; il se rend à merci et éprouve un obscur sentiment de déchéance ; possesseur et roi irresponsable d'un univers féminin, il renonce à cette polygamie étourdissante : il avait à sa disposition le monde infini des femmes, il renouvelait ses maîtresses dès qu'elles avaient cessé de plaire ; il s'enferme maintenant dans l'amour unique, dans le définitif et l'irréparable. Et il observe avec une anxiété comique les moindres particularités physiques et morales de sa future femme, car il n'est rien en elle qui ne puisse fournir les épines et la croix de son existence prochaine, devenir le décret de son destin.

L'ennui se fait jour pendant le voyage de noces, course dans le vide, créant une solitude, une intimité subite et déconcertante, où, dès qu'ils rompent leurs étreintes éloquentes, les deux accouplés ne savent que se dire ; le tête-à-tête est parfois tellement insoutenable que le couple en détresse tombe à des rencontres d'un goût douteux, liant société avec des voisins de table d'hôte, faisant bande avec des passants.

Voici maintenant le couple conjugal établi dans son logis dont il a le plus possible fleuri les barreaux. Pourquoi ces deux êtres vont-ils s'ennuyer ? Parce qu'ils sont prisonniers l'un de l'autre et couverts de chaînes. Ils s'étudient, se regardent venir, et loyalement cherchent le bonheur dans l'entente harmonique de leurs mouvements : défense de jouer son jeu à part ; les goûts seront communs, chaque geste sera accompagné de son explication ; tout se fera en collaboration, sous double signature. S'ennuyer à deux, tel est l'idéal conjugal. D'ailleurs on fait bonne garde autour de ces enchaînés, de peur que leurs liens ne se détendent ; la famille et l'opinion les surveillent ; ils sont tenus de marcher de front, très accrochés, et de défiler sur la grande route.

Dans ce face à face commandé que l'éloignement même ne desserre pas, — car il tourne à l'hallucination, — où chacun lit et déchiffre l'autre jusqu'au fond de l'âme, jusque dans les pensées futures, quel est celui qui s'ennuie le premier? C'est le mari. L'homme vit surtout au dehors, et en rentrant chez lui il trouve le logis étroit ; il est un être de mouvement, il évolue, il compare ; la femme, qui vit de peu d'idées, demeure volontiers immobile ; elle lui apparaît comme un objet lointain, resté dans le passé, un péché de jeunesse qui le suit à travers la vie ; un fossé se creuse entre eux qui ira s'élargissant ; le mari pratiquera le premier l'infidélité par ennui. La femme a une tolérance remarquable pour la monotonie ; elle goûte le renfermé, la répétition machinale des travaux de ménage ; son esprit ne pousse guère de reconnaissances sur les routes de l'inconnu ; reine d'un microcosme, cela lui suffit ; elle s'étonne de voir son mari changer; le suivra-t-elle? peut-elle se mettre à son pas? — De même une mère a peine à croire que ses enfants grandissent et s'embrouille dans les formes successives de leur personnalité. — La femme souffre sûrement moins que l'homme de l'ennui par monotonie qui est l'atmosphère de la condition conjugale. Mais le mariage ne réussit pleinement que par la surveillance réciproque des démarches et l'égalité jalouse des âmes. L'ennui géré en commun sous ces euphémismes charmants : union parfaite, bonheur domestique, modération, sagesse, est le pain quotidien du mariage. Hors de l'ennui par consentement mutuel, pas de salut. Évidemment il faut avoir la vocation.

L'ennui dans le mariage sert de point de départ à un nombre incalculable de romans; l'auteur part de cette donnée fondamentale comme d'un postulat accepté d'avance et nous montre ses héros précipités dans des aventures où ils essaient de se distraire et d'amuser le lecteur; l'ennui conjugal, dans ses formes statiques et son fonds accoutumé, est plus particulièrement traité dans ces deux romans : *Madame Bovary*, de Flaubert, et *[illegible]ia*, de Tolstoï.

L'ENNUI DANS L'AMOUR. — S'il est un sentiment d'une intensité souveraine, d'un jaillissement inépuisable, qui semble ne devoir jamais succomber sous les coups de l'ennui, c'est l'amour. L'amour comporte une activité exceptionnelle de l'âme entière surchauffée; création incessante d'états passionnels, son excellence vient de ce qu'il appelle à l'épanouissement toutes les facultés de l'être, et il fait sa force et sa splendeur du concert de leurs voix. Comment l'ennui en aura-t-il raison? Il a plus d'une façon de l'attaquer, de même qu'il y a plus d'une manière de mourir. La Bruyère écrit : « Les amours meurent par le dégoût, et l'oubli les enterre... Il n'y a guère de raison de ne s'aimer plus que de s'être trop aimés... Cesser de s'aimer, preuve sensible que l'homme est borné, et que le cœur a ses limites[1]. »

Intéressons-nous premièrement à l'amour charnel, le plus répandu, le plus recherché et le plus vrai de tous les amours. La volupté n'a qu'une note : les avisés ne la répètent pas trop souvent et dirigent l'amour vers les régions supérieures de l'âme; les insouciants, les barbares qui coupent l'arbre pour avoir le fruit, font une consommation enragée et imprévoyante de volupté. Les sensuels proprement dits sont des prodigues de leur corps qui courent à la banqueroute ; ils obéissent à une obscure logique : l'amour, pour eux, c'est leur chair palpitante, leurs déclarations éperdues, les défis que se portent leurs désirs; si l'on sort de cette fournaise où le sang bout, où les voix délirent, pour entrer dans la zone tiède des sentiments tempérés : affection, sympathie, amitié; si l'on bride les élans, si l'on s'occupe de toute autre affaire que de la passion présente, on n'est plus dans l'amour. Aussi n'y a-t-il rien

1. *Du Cœur*.

de plus admirable et de plus désespéré que les efforts des amants fanatiques pour défendre contre l'épuisement et la monotonie leur amour qui va disparaissant.

Et d'abord, logiciens intraitables, ils répètent à satiété la volupté ; peut-on mieux s'y prendre pour travailler un sujet dans son fond même ? Ils font appel à tout ce qui chauffe la chair et émoustille l'imagination : sensualités de la table, vins capiteux, décors gentils, retraites adorables ; l'art, qui paraphrase et dore la passion, leur viendra en aide ; et aussi le théâtre, la poésie, la musique, la peinture, qui enferment tant de leçons d'amour, qui sont en partie de la volupté transposée [1]. L'amour périra cependant, mais les amants terribles le galvaniseront jusqu'au bout, l'entretiendront par des violences : querelles, menaces effroyables.

La méditation de l'infidélité et les artifices préparatoires de la rupture sont seuls pour faire échec à l'ennui mortel des amours usés qui se prolongent ; un bâillement se dessinait ; il est escamoté par un venimeux sourire.

L'ennui au cours de l'amour n'atteint-il que les sensuels ? Nul ne se trouve épargné. Les reprises inévitables de l'égoïsme un moment égaré produisent, tôt ou tard, fissures et crevasses dans les liaisons estimées solides, et l'ennui se déclare au moins chez l'un des partenaires. Entre autres catégories d'individus qui

1. Tout artiste est d'abord un *jouisseur* qui a tiré parti de ses plaisirs et nous les raconte. Il a dû capter tous les sourires du ciel et de la terre pour les faire passer dans ses œuvres.

s'ennuient bientôt dans l'amour, nommons : l'égoïste impatient de se ressaisir; l'être quinteux, personnel, qui ne peut décidément pas s'amalgamer; l'imaginatif humiliant le réel devant la chimère[1]; le rêveur qui regrette sa solitude; le sceptique qu'on assomme en l'aimant; les don Juans incapables de se fixer, méditant la conquête prochaine; l'homme de trop d'esprit sur qui glissent les caresses, qui mêle de l'ironie aux baisers.

Plus d'une œuvre littéraire a pris pour thème l'ennui dans l'amour, a dit le poids de la chaîne, la guerre déclarée entre les amants furieux de ne s'aimer plus et de voir que la passion leur fait faillite; citons dans le nombre *Adolphe*, de Benjamin Constant, *Sapho*, de Daudet, *Le Triomphe de la mort*, de M. d'Annunzio.

L'ENNUI DANS LA FAMILLE. — L'ennui dans la famille procède de la pesanteur d'un lien impossible à rompre, et de la pauvreté des sensations qui s'échangent entre gens rassemblés sans choix, qui forment un milieu où l'on ne s'amuse guère.

S'ennuient avant tous les autres, dans la famille, les individus dont le caractère est en opposition directe avec les sentiments et les usages cultivés dans le groupe familial. Sont en désaccord fondamental avec l'esprit du lieu : les idéalistes, les ambitieux, les sensuels, les actifs.

Le régime de la famille comporte l'égalité jalouse des

1. « Je n'ai jamais été amoureux que de la reine de Saba. » (Flaubert.)

membres, une sorte de dédain réciproque, le rappel à la prudence, un réalisme étroit. Les idéalistes coureurs de chimères, hypnotisés du rêve, y sont mal vus. On les tient pour dangereux; on ne croit ni à leur mission ni à leur auréole ; ainsi fut mis en suspicion le patron des idéalistes, Jésus-Christ : « Les relations de parenté furent peu de chose pour lui. Sa famille semble ne pas l'avoir aimé, et, par moments, on le trouve dur pour elle. Jésus, comme tous les hommes exclusivement préoccupés d'une idée, arrivait à tenir peu de compte des liens du sang. Le lien de l'idée est le seul que ces sortes de natures reconnaissent[1]. »

A leur tour les ambitieux étouffent entre les murs de la maison domestique; ils exposent leurs projets qu'on prend pour un programme de fous; ils visent à la domination, et l'entourage se dérobe ; on refuse une attention sympathique à leur talent naissant qui débute par des essais informes, des vagissements; toute ambition qui n'est pas réductible à une carrière de tout repos, est un jeu extravagant; les parents ministres des finances et dépositaires du bon sens le plus lourd, appellent cela folie. « L'ennui naquit en famille, — une soirée d'hiver », disait Lamennais, appelé par les orages.

La famille n'a de raison d'être que si elle est un milieu moral ; un ton de respect et d'honnêteté y est de rigueur ; la conversation se tient à distance des sujets défendus ; les plus compromis dans le vice ou les

1. Renan, *Vie de Jésus*, 19e édition, p. 44.

passions se mettent un masque ; en somme, quel est l'élément psychique qui est l'objet d'échange dans ce groupe et l'alimente? L'affection sentimentale. C'est dire que l'atmosphère du lieu est un peu fade, que les sensuels, les noceurs n'y sont pas à leur aise, à qui il faut des propos débridés, des jouissances épicées, des allures impudiques.

Les murs de la maison familiale sont étouffants encore et font prison pour les actifs, remuants, préoccupés d'un but, et pour tous les agités, épris d'en avant et d'aventures, de modes nouvelles et de changements ; les uns et les autres, par tempérament, ont peu de goût pour la vie en serre où fleurit le sentiment familial.

Mais l'ennui inhérent à la vie domestique n'épargne pas davantage ceux qui ont l'amour du foyer et trouvent là leur air respirable. Ces figures de famille qui nous cernent sont trop vues, trop connues ; elles ne nous réservent ni surprise ni intérêt ; à force de les voir elles ont perdu pour nous toute expression ; et, aussi bien, dans cet air grisâtre où l'on économise les bougies et les paroles, les visages se figent, négatifs, inexpressifs, qui, peut-être, au dehors, s'animeront ; les regarder, c'est recevoir une communication frappante d'ennui ; et, à vrai dire, nous ne les regardons plus ; nous mettons un voile sur ces têtes obsédantes ; elles se décharnent ou s'empâtent, évoluent vers la laideur ou la vieillesse, sans que ces phases diverses nous soient sensibles. Il est admis qu'on est mauvais observateur des gens qu'on a sous les yeux. « Nous ne pouvons plus nous voir ! » tel est le cri explosif de l'ennui qui se détourne, exaspéré par une présence insupportable. Au surplus, ces bonnes gens avec qui nous cheminons nous laissent une impression équivoque; leurs traits sont des palimpsestes éclairés par un mauvais jour; nous lisons dans leur grimoire nos années écoulées; et, d'autre part, ils se montrent chargés des soucis du moment. Le charme des inconnus, des visages nouveaux que nous rallions sur notre route, est qu'ils ne nous rappellent rien de notre passé, pour nous rarement agréable, ou qui, tout au moins, est un poids mort. Il serait bon que la figure de famille, une fois la douceur de la cohabitation épuisée, fût reléguée au loin, qu'elle nous devînt historique; à la revoir, à intervalles ménagés, elle surgirait en anachronisme attendrissant, en apparition sensationnelle d'outre-tombe.

La famille est redoutable non seulement par ses visages, mais par ses voix. Ces voix que nous entendons depuis tant d'années, trompettes de la fatalité sont accablantes. La joie des voyages, c'est le son des voix neuves; le son d'une voix connue porte avec lui l'image de la personne qui parle, et nous l'impose une fois de plus; auprès d'étrangers impénétrés, nous sommes captivés par les surprises de l'inédit, le charme sensuel de ce qui est neuf. De même rien n'est plus frais et reposant que la voix des animaux, le son des cloches, les bruits de la nature, parce qu'il n'y a pas représentation d'une individualité.

Pour atténuer l'ennui qui tombe des figures, des

voix, des paroles, dans l'enceinte domestique, les procédés suivants sont en usage : on s'évite ; on se parle le moins possible ; les regards sont demi-fermés, les allures sont somnambuliques. Rien n'est plus meurtrissant que le contact perpétuel d'un être ; il vous heurte toujours au même endroit, jusqu'à ce que plaie s'ensuive ; les personnes les plus accablantes de la famille sont celles qui s'imposent depuis le temps le plus long à notre esprit, à nos yeux et à nos oreilles : notre père, notre mère, par exemple.

La famille est un milieu d'ennui par comparaison avec le dehors, qui est l'univers illimité. Fussions-nous une créature d'exception, et de modèle unique, le vaste monde nous réserve encore des compagnons ; en face de cet infini, que pèse l'imperceptible clan familial ? — Le dehors fournit d'autres oppositions : sitôt sorti de chez soi, le ton devient haut et libre, voire truculent et braillard ; à l'extérieur, nous pouvons nous produire en liberté ; notre voix sonne plus fort, nos actes sont acceptés dans leur hardiesse ou leur immoralité. Par un contraste soudain, à passer le seuil de la maison domestique, il semble qu'on entre dans une cave ou dans un sanctuaire ; les dieux lares de l'endroit sont honorés par des manières discrètes ; on leur rend un culte en marchant sur la pointe des pieds, en mettant des pantoufles : c'est qu'aussi bien on entretient en ce lieu des reliques : il y a de l'invisible dans l'air, des fantômes vénérés et obsédants, l'âme des ancêtres, des morts aimés.

Le *home* pacifiant est l'asile où l'enfant prodigue vient pleurer ses péchés, où l'on fait des retours salutaires et mortifiants sur sa santé et sur sa bourse gaspillées sans compter en des endroits plus joyeux. Ici nous avons tout loisir de nous replier sur nous-mêmes; avec les siens il n'y a pas à se mettre en frais de causerie ; on sait qu'ils ne nous écoutent plus; il n'y a pas de groupe social où les paroles qui se prononcent pénètrent moins profondément dans les oreilles ; rien ne porte plus, rien ne compte, pas même les injures, amnistiées par un mépris réciproque, alors qu'on est tenu de se retrouver quand même ; on garde sa verve, ses fusées de joie pour l'extérieur, pour des compagnons moins sourds et plus admiratifs. — En famille on se néglige, tout est à l'abandon : les vêtements, les poses, les physionomies; la parole est sèche, courte, mal articulée; la pensée molle, paresseuse ; le ton ordinaire est bien l'ennui à forme de somnolence et de mauvaise humeur, et dans cet espace étroit, propice aux froissements, les visages fermés, renfrognés, impénétrables, portent un *noli me tangere* défensif et redouté.

La *malaria* de cet ennui endémique est tellement débilitante que chacun essaie d'introduire derrière soi, dans la place, ses amis personnels, ces intimes indispensables qui ont le secret de nos pensées, de notre rire, et dont la seule présence éveille notre génie et hausse notre ton vital ; mais ces façons d'escorte ne sont pas admises sans protestations; dehors les étrangers! la maison familiale est un temple où doit se célébrer avec foi, entre croyants, le culte traditionnel rendu à l'ennui, ce mot englobant la totalité des sentiments domestiques.

Enfin, dans l'ennui propre à la famille, entre le sentiment de la fatalité et de l'indissolubilité des liens du sang. Cette pensée fait notre obsession que nous sommes de naissance empêtrés dans une famille, sans qu'il y ait eu de notre part le moindre choix, sans qu'il y ait possibilité d'une rupture absolue[1]. Nous pensons avoir en propriété notre visage, notre caractère; pas du tout; on nous identifie avec toute une parenté: le voulant ou non, nous avons un *air de famille*. Nous portons dans nos moelles notre legs irrécusable d'hérédité. On nous définit, on connaît nos tares, avant de nous avoir vus à l'œuvre. Il y a là une *diminutio capitis* qui nous rend timides devant le regard enfonçant de ceux qui savent notre généalogie. — Nous tentons parfois une carrière aventureuse, un *raid* qui fasse perdre nos traces; on plante sa tente au bout du monde! la famille nous rattrape toujours; nos comptes avec elle ne sont jamais réglés; aux questions d'intérêt à débattre s'ajoutent les problèmes épineux de la solidarité morale. Le sentiment clair ou obscur de ces chaînes visibles ou invisibles est constitutif de l'ennui propre à la famille.

On peut se plaire assurément en la compagnie de

1. Que notre vie sur la terre soit un pur caprice du hasard: voilà qui nous en dégoûte. Ah! si l'on pouvait seulement choisir son père et sa mère! Les pères et les mères répondront: Ah! si l'on pouvait choisir ses enfants!

ses proches, et s'y ennuyer tout à la fois. De même, il est des mères qui, tout en prodiguant à leurs enfants tous les soins et toutes les caresses, avouent s'ennuyer à mourir. L'enfant est si lent à grandir, pour qui l'a sous les yeux ! Par les artifices de la toilette on le monte en bijou ; on découvre de l'esprit dans tous ses mots et on les épingle; c'est proprement adoniser pour aimer, pour tâcher à compenser les heures ingrates et les sacrifices que cet être cher nous vaut.

Il est des cas où la famille est franchement détestée, et où l'on ne saurait se séparer d'elle, par besoin de société ; ces êtres qui ne peuvent se souffrir, ne peuvent non plus se quitter; toujours l'ennui.

Nous avons dit comment les intéressés parent l'ennui inhérent à la vie domestique : silence relatif, regards qui se détournent, allures fantomales, dédain affiché ; petits moyens combattant un ennui modéré. Mais parfois l'ennui est excessif, insoutenable; de dures conditions d'existence lui sont motifs d'exaspération : antagonisme des tempéraments, conflits d'intérêts, misère, promiscuité, etc. ; il se manifeste alors par des haines déclarées ou par des rancunes sournoises et perfidement travaillées.

La vie en famille est comme un voyage en mer qui n'en finit pas ; or on sait le proverbe : à mesure que la traversée avance, les caractères s'aigrissent.

L'ENNUI AU VILLAGE. — La monotonie de la vie, au village, est une réalité de toute évidence, un *ultimatum* sans appel et foudroyant. Vous qui venez vivre là, laissez toute espérance. Le village est un avant-goût du repos éternel, une maladie de langueur.

L'ennui qu'on y respire a pour causes directes : la simplicité excessive de la vie tant individuelle que sociale; le manque de stimulants.

Le village est une agglomération de maisons qu'un regard dénombre; tel un coup d'épervier qui vide une flaque d'eau; eh quoi! notre vie va tenir dans cette aire parcourue en quatre pas! Nous avons fait le recensement des habitants, calculé ce que nous en pouvons attendre, et la conclusion est désolante, car il faut drainer des milliers d'êtres pour trouver le sosie qui sera notre amour.

La grande ville où l'on pense, où l'on vit, déborde, au delà de son périmètre, dira-t-on, par les journaux, les livres, que la poste nous transmet instantanément. N'importe, cela nous arrive refroidi: ce qu'on nous raconte est trop loin de nous; l'action des événements, comme celle des individus, est en raison de leur proximité. Et dans ces solitudes champêtres où le regard s'habitue au vide, comment faire sortir de l'imprimé les mille représentations vivantes qu'il contient? Pas plus que dans le physique, le mouvement perpétuel n'existe dans le psychique; l'intelligence languit privée des stimulants nécessaires.

La grande ville est excitatrice par tout ce qui scintille et frétille dans son air vibrant, par son vacarme étourdissant, son ronflement continu, le tout agissant sur les marionnettes humaines à la façon de chocs propulseurs et de secousses transmises. Au village, le fond de l'air est la paix des champs, le silence, un silence adorable parfois, une atmosphère de cristal; après un séjour de quelque durée en ces lieux charmants et endormeurs, les nerfs s'amollissent; l'hyperesthésie douloureuse de l'ouïe nous révèle à quelle profondeur a pénétré en nous ce silence impressionnant; des bruits insolites, pour légers qu'ils soient, font coups de gong; nous redoutons le retour dans les cités hurlantes où notre sommeil plus fin, devenu plus déchirable, sera à la merci d'un froissement d'atomes.

Les saisons, les journées, les heures ici se ressemblent, défilent processionnellement, enveloppées d'un même voile gris. Dans la grande ville, où va le rêve, les saisons ne sont pas seulement représentées par des phénomènes météorologiques, par des transformations prévues du ciel et des arbres; chacune d'elles a sa physionomie reconnaissable, ornementée de traits particuliers : cycle des théâtres et des spectacles, modes nouvelles, étalages changeants des magasins, cérémonies mondaines, expositions, etc. La journée urbaine est un panorama tournant; diversifiée et bigarrée à plaisir, elle a ses acteurs désignés qui paradent à des endroits convenus; chaque heure produit son événemens, lance son pétard. Mais le village, d'un bout à l'autre de l'année, dort son sommeil que rien ne trouble, se recroqueville dans un ennui uniforme qui pèse d'un même poids sur les quatre saisons.

Cet ennui qui est dans l'air, qu'on lit sur la figure de ses cohabitants, qu'on absorbe avec leurs paroles, situe les ruraux dans un état réel d'infériorité. La plupart s'y résignent, étant des inférieurs-nés, demeurés aux champs, où l'on n'est pas serré, pour s'être sentis incapables de faire leur trouée dans un milieu plus dense. Mais l'ennui villageois, implacable, épais à couper au couteau, a raison même de ceux qui sont nés vaillants. Sûrs que rien ne se montrera qui vaille un mouvement de curiosité, l'imagination parfaitement morte, les gens de village, nivelés par l'ennui commun, vont, circulent d'une allure engourdie que ne redresse aucun aiguillon ; ensorcelés de la lenteur et de la torpeur, c'est grâce à leur démarche de tortue qu'ils ont acquis toutes les prudences ; s'ennuyer, c'est avoir le temps de réfléchir, c'est retourner cent fois ses pensées. Les métiers sont mal tenus au village, faute d'entrain et d'émulation : tous pleins, d'un doux mépris pour le travail qu'ils sabotent, sont d'accord pour laisser tomber le plus bas possible l'œuvre professionnelle. — Prenons le médecin des communes rurales : il est tenu en défiance, en raison de son savoir douteux : c'est parce qu'il s'ennuie jusqu'à l'hébétement, qu'il examine son malade à coups de poing, qu'il n'ouvre plus ses livres d'étude, que les tablettes de sa mémoire se couvrent d'une poussière qui a tout oblitéré. Permettons à un notaire, à un commerçant de petit pays de tenir en dédain les affaires chétives qu'ils manipulent ; mais le médecin est le privilégié d'une profession qui a partout, en abondance, sa matière première, et l'intérêt des cas pathologiques n'a aucun rapport avec la culture intellectuelle des sujets porteurs ; le médecin campagnard n'en a cure, il s'abandonne, perd pied dans l'ennui. Par lui, jugez des autres.

L'ennui villageois a ses manifestations actives. L'esprit, ici, est à un régime d'inanition ; il ne saurait s'affiner, devenir original ; il sera inventif, productif à sa manière : dans les luttes locales. Le marché social est étroit au village : chacun doit s'y faire une tactique. La production de luxe où s'essaie l'esprit incité par l'ennui, c'est la calomnie et les rapports perfides. L'envie se donne carrière. Le bonheur, s'il parade, avec ses grelots d'or, est vu de trop près ; cela blesse, comme les démonstrations d'un fanfaron : on gagne à en éteindre l'éclat, quitte à le redoubler intérieurement. Nous supportons plus de choses qu'on ne croit, à condition que le spectacle n'en soit pas mis sous nos yeux ; voir ou ne pas voir, tout est là. Et l'ennui fructifie en jalousie agissante, il nourrit de longues rancunes ; il espionne, il dénonce, il fabrique des pièges ; il agence des procès baroques qui déchaînent le rire des tribunaux rustiques...

Mais l'ennui du village fait des sages aussi qui font passer la paix des champs dans leur âme calme à jamais, et qui convertissent leurs économies vitales en longévité, orgueil des races rurales.

L'ENNUI DU MOINE. — Le moine est un exilé en des

solitudes situées au delà de la terre ; ou encore un prisonnier tournant dans sa cage ; un être squelettique réduit à son ombre. Simplificateur à outrance de cette vie terrestre déjà si pauvre, et la faisant tenir dans des oraisons et des coups de discipline, il a renoncé à la famille, à l'amour, aux richesses, à l'ambition, au plaisir, à la liberté, à sa volonté, à tout. Il a répudié la terre ; il ne veut que le ciel ; mais il ne possède pas plus le ciel que la terre ; il est entre les deux, suspendu dans un nuage ; en cette position intenable, il doit s'ennuyer horriblement.

Il a des explications embarrassées et contradictoires au sujet de l'ennui ; tantôt il jure qu'il n'en a aucune idée, tantôt il avoue qu'il en a son compte à tomber par terre. Le but des moines ne diffère guère du but visé par les autres hommes : ils veulent le bonheur. Ils prétendent qu'ils obtiennent des maxima de jouissance impossibles à dépasser en se promenant sous leurs arceaux : cette affirmation paradoxale, où il y a de la mauvaise foi et de la pantalonnade, a été souvent contestée. Ce sera un jeu pour nous que de surprendre l'ennui faisant son œuvre de termite dans une existence qui lui est livrée dépouillée et nue à faire pitié.

L'ennui du moine est un fait patent : sa vie, telle qu'elle est instituée, n'est qu'un automatisme morne, un essai de momification. Cet homme est un fantôme d'homme ; du fait seul qu'il a déserté la vie, il y a présomption contre lui d'insuffisance mentale et, pour tout dire, d'incapacité. Acharné à se détruire, à se suicider, il a tant retranché dans son cœur et dans sa chair, qu'il ne lui reste que sa tête, et pas tout entière encore, le sommet du pain de sucre, la pointe aiguë des « tout en crâne »; il allume là une flamme qu'il voudrait maintenir incandescente, mais qui s'éteint à tout moment; le combustible manque. Le moine n'a de relations suivies qu'avec Dieu; ce n'est pas assez pour s'entretenir chaud et vivant.

L'ennui monacal revêt des formes innombrables, citons : les tentations charnelles, les doutes sur la foi, le péché de médisance et de malice, la tiédeur de l'âme, les distractions incoercibles, les envies inopportunes de dormir. Tout cela fait des comptes avec le diable, et de longues stations au confessionnal.

Il est des religieux dont l'âme a plus de méandres, chez qui l'ennui se fait plus subtil et torturant ; ils le composent avec les réminiscences de leurs années enfantines, avec le souvenir attendri de leur foyer déserté, de leur mère ; ou bien ils sont des sensitifs frileux, à frissons psychiques glacés, qui s'arrêtent cabrés au bord des espaces infinis, effrayés de tant de silence ; ils sentent qu'ils ont joué trop gros jeu, et ils éprouvent une sueur d'agonie inquiétante, le vertige du néant soupçonné.

Comment organise-t-on la lutte contre l'ennui dans les cloîtres? Les règlements de la communauté ont prévu l'attaque infernale; la variété reposante des occupations ici, comme en d'autres lieux, est ce qu'on a trouvé de mieux pour alléger les heures ; l'horaire de la journée, chef-d'œuvre où s'appliquèrent les fondateurs d'Ordres, découpe en tranches minces les travaux du religieux ; l'année ecclésiastique a ses éphémérides bariolées, plus divertissantes au premier coup d'œil que celles de l'année civile, ou que le programme d'une saison théâtrale ; chaque jour on se trouve nez à nez avec un saint qui passe, curieux à interroger ; l'histoire merveilleuse de Jésus-Christ déroule ses tableaux miraculeux ; il y a les fêtes, galas liturgiques ; les jeûnes alternent avec les saturnales...

Mais ces parades contre l'ennui peuvent se comparer à ces condoléances superficielles qu'on n'écoute même pas, quand on serre dans sa poitrine un chagrin profond. Contre un mal insidieux et retors, il n'y de vraie défense qu'individuelle. Le moine, s'éprouvant desséché comme un bois mort, combattra son aridité par des décharges d'oraisons jaculatoires, par des implorations criardes, par des mortifications ingénieuses et savantes, par des communions surtout, la communion opérant la *réfection spirituelle* des théologiens, étant un boire et un manger, le tonique par excellence, le traitement symbolique de son inanition essentielle. — Cette médication est banale, peu raffinée : il y a mieux pour ceux qui sont nés malins. Le système nerveux évidé à plaisir, chez le moine, ne palpite plus que sur un de ses pôles ; mais, fortement mécanisé, il peut fournir en cet endroit des jouissances d'une étourdissante intensité. Dédaigneux de son corps postiche, se dressant sur la pointe aiguë de sa pyramide cérébrale, le religieux s'entraînera à des acrobaties nerveuses fantastiques; il lui sera donné de manier en magicien les hallucinations du surnaturel; il entretiendra devant ses yeux de fulgurantes visions; il s'administrera à volonté des extases; gymnasiarque de l'infini, virtuose d'états d'âme périlleux, rarissimes, il voudra hisser toujours plus haut son trapèze volant; en plein ciel! en plein éther!

Aux natures pesantes à qui il ne sied point d'escalader de ce pas dansant l'échelle des ravissements sublimes reste ouverte la voie des austérités relativement faciles : les macérations de l'anachorète ont été appelées une « orgie de solitaire »; les morsures de la flagellation ne laissent pas que d'avoir une saveur étrange, et la sensation de vivre, affaiblie chez ce pauvre homme et si diminué sera réveillée, espérons-le, par le cilice gênant et par les lanières de la discipline.

Ces états d'ivresse nerveuse sont un élixir remontant contre la sécheresse de l'ennui. D'autres mouvements passionnels opèrent des diversions bienfaisantes : le moine double son anémiant amour de Dieu de la haine réconfortante du laïque; il se pose en apôtre, il tranche du prophète; il requiert un poste de missionnaire, il appelle sur lui la persécution, le martyre. Ou bien, prenant une autre direction, il se fait scoliaste, il travaille à la loupe l'interprétation des Écritures; il s'enivre de scolastique; il prétend innover dans le rituel ou dans la mystique; ou, le voilà qui projette la fondation d'un Ordre nouveau, dont la règle collera aux nuances chatouilleuses de sa sensibilité; il ira plus loin : en ses jours d'humeur noire, il rêve aux grands schismes qui renouvelèrent la chrétienté; il joue à l'hérésie dans ses méditations; il omet le *Filioque* à l'office pour se faire byzantin; il évoque le sabbat; il flirte avec Satan.

L'ennui des cloîtres a été avoué ; mais l'ascète l'attribue à une éclipse de la grâce, non à son régime contre nature ou à des raisons psycho-physiologiques un peu humiliantes; il s'est appelé le *dæmon meridianus* chez les solitaires de la Thébaïde ; au moyen âge, on le nommait *acedia, tædium vitæ*. En dépit des rires enfantins dont ils se maquillent, et de leur assurance soufflée d'audacieux joueurs qui visent comme gros lot le paradis, moines et moniales portent au fond du cœur ce cri de lugubre détresse : Mon Dieu, pourquoi m'avez-vous abandonné ?

L'ENNUI DU PRISONNIER. — L'ennui du prisonnier peut se passer d'exposition; le problème qui se pose à son sujet est le suivant: la prison étant la fin de tout, une mise au tombeau, il est permis de se demander si l'ennui a de quoi se constituer chez l'incarcéré. Nous supposons que ses éléments spirituels sont réduits à peu de chose; on a la preuve de cette induction dans ces lignes d'un prisonnier célèbre[1] : « ... Je ne vous dirai

1. Lettres de Barbès à George Sand publiées par la *Revue de Paris*. 1er juillet 1896.

pas que je m'ennuie ; non, je n'ai plus cette *puissance.* » (Donjon de Vincennes, 28 mai 1848.) « Je ne vous dirai rien de mon existence ici ; elle est semblable à celle que je suis habitué à mener depuis longtemps, et n'a plus même le pouvoir d'éveiller de l'ennui dans mon cœur. Je suis, comme on le dit du calorique en physique ou en chimie, passé vis-à-vis de moi-même à *l'état latent.* La plupart du temps, je ne sais pas si je veille. » (Prison de Doullens, 14 octobre 1849.) Cet ennui créé *in animâ vili* par des contingences de pierre et d'airain n'intéresse pas le psychologue.

L'ENNUI DU CORPS. — Dépendants l'un de l'autre jusqu'à se confondre, le physique et le mental sont cependant séparables, et jusqu'à un certain point différents. Chacun d'eux a ses fonctions, sa santé, ses maladies, ses aliments, ses remèdes.

Le corps a ses appétits imprescriptibles, ses plaisirs bien à lui qu'il exige, et que les plaisirs de l'esprit ne sauraient suppléer ; il sera, dans certains cas, le point de départ de l'ennui et il l'accusera jusqu'à ce qu'il ait reçu satisfaction. Il y a un ennui du corps, et il est même une classe d'individus qui le manifestent avec un relief amusant, ce sont ceux qu'on nomme les viveurs, les noceurs, gens qui vivent surtout par le corps et par les sens. Quand la chair est ce qui jouit en nous et vit, c'est elle par la suite qui souffre et s'ennuie ; après avoir porté l'action, elle portera la réaction ; pour qu'il y ait ennui, il faut d'abord qu'il y ait vie, au sens plein et riche du mot ; notre système osseux ne s'ennuie pas, parce qu'il ne vit pas assez ; il ne traverse pas des états sensiblement différents.

Le corps s'ennuie quand il est mal alimenté, qu'il dépérit par misère physiologique, et aussi quand il ne reçoit pas les joies spécifiques qui sont nécessaires à son entier développement et à son bonheur : volupté, sensualités diverses, secousses sthéniques de l'exercice musculaire. Il est dès lors affecté de langueur organique d'un malaise indéfinissable qui tend à obscurcir et à endormir l'esprit.

Disons simplement l'ennui résultant d'un régime alimentaire monotone.

Il est reconnu qu'il faut dans l'ordre de la nourriture une variété incessante ; des menus insipides ou grossiers indisposent les organes. Une alimentation monotone n'est pas favorable à la santé et tient l'esprit engourdi. Les malades soumis à un régime sévère en font journellement l'expérience. Il est des personnes de bonne volonté qui ont essayé d'une réduction systématique des aliments pour en observer les effets. Guyau nous dit, parlant d'un de ces expérimentateurs : « Pratiquant l'ascétisme jusqu'à renoncer à tout aliment varié, excluant de sa nourriture la viande, le vin même, tout ragoût, tout excitant du palais, il en vint à diminuer autant qu'on peut le faire ce désir même qui subsiste le dernier dans l'être, le désir des aliments, le frisson et l'éveil de tout être affamé à la vue d'un mets appétissant, l'attente agréable du repas, — ce moment qui, a-t-on dit, constitue pour tant de gens l'avenir de la journée. Notre expérimentateur avait remplacé les longs repas par l'ingestion de quelques tasses de lait non assaisonné. Ayant ainsi effacé en lui presque toutes les jouissances du goût et des sens les plus grossiers, ayant renoncé à l'action, au moins en ce qu'elle a de matériel, il chercha un dédommagement dans les jouissances de la méditation abstraite ou de la contemplation esthétique. Il entra dans une période qui n'était pas encore le rêve, mais qui n'était pourtant déjà plus la vie réelle, aux contours nettement dessinés et arrêtés. Ce qui en effet donne son relief et son dessin à la vie de chaque jour, ce qui fait époque pour nous dans l'existence, c'est la succession de nos désirs et de nos plaisirs. On n'a pas idée quel vague peut introduire dans l'existence la simple suppression de quelques centaines de repas[1]. »

Ce n'est point assez de la diversité des mets et de l'agrément des préparations culinaires pour nous tenir en éveil ; afin de secouer notre somnolence corporelle, une sorte de besoin périodique se fait sentir d'un gala gastronomique, d'un « bon dîner » pétri de sensualités raffinées, arrosé de vins généreux. Chaque plat sera confectionné avec un art souverain et nous apportera sa griserie particulière ; le fleuve des boissons décuplées pénètre à flots torrentiels dans les couches les plus reculées de nos tissus et dans nos recoins les plus sombres ; la lu-

1. *L'Irréligion de l'avenir*, p. 417 ; Paris, F. Alcan.

mière et la chaleur sont répandues sans mesure dans les profondeurs de nos entrailles ; des territoires nerveux sont irrigués et se réveillent qui dorment aux jours ordinaires ; nous sommes remis en possession de nos souvenirs qui s'effaçaient, de nos émotions oubliées, de notre personnalité entière illuminée par nos artères phosphorescentes. Le diner fin, avec pointe d'ivresse, rompt l'ennui du corps qui succombait à la platitude alimentaire. — On peut tenter mieux et davantage : une alimentation et une hygiène étudiées, l'action à longue portée d'un climat choisi opéreront des modifications importantes dans notre constitution, et comme une refonte relative des bases physiques de notre personnalité ; on quitte un corps usé qui ne nous donnait plus de surprises pour en revêtir un autre, inédit ; on fait peau neuve, et cette rénovation, partielle assurément, cause une allégresse universellement proclamée.

Les viveurs, pour vivre surtout de sensualités, sont des prédisposés à l'ennui du corps. Regardons-les. Ils sont à l'affût de toute sensation offrant un ragoût nouveau : primeurs, « douceurs », gourmandises de la cuisine ; on les voit changer sans arrêt de costumes, de vins, d'apéritifs, de tabacs, de femmes ; ils se déplacent dans une folie de locomotion, le voyage mené à vive allure leur apportant une pluie cinglante de sensations rapides, heurtées ; notons aussi leur goût des sports, et de tout ce qui fait attitude, pose ; de tout ce qui remue fortement leur machine physique, où se trouve leur conscience de vivre. C'est leur corps trop caressé, trop flatté, qui est l'inspirateur de leurs désirs, le promoteur de leurs mouvements, le dirigeant despotique de leur existence. Il est aussi le siège de leur ennui.

Il y a un ennui foncier du corps, un ennui anatomique, physiologique, et aussi sexuel, qui se réfère à l'ennui de l'individualité prisonnière de ses lignes et de ses formes. Nous nous ennuyons parce que nous sommes coulés dans un moule imbrisable, fixés dans une constitution unique et immuable; nos contours, nos gestes, nos ressorts nous sont bientôt aussi familiers que les pièces et morceaux d'un pantin démontable. Le sanguin se lasse d'être un sanguin, répondant à toutes sollicitations par ses raptus congestifs à détente invariable ; le nerveux, le bilieux, le lymphatique prévoient avec dégoût la réaction de leurs appareils, le fonctionnement automatique de leur physiologie inaliénable. Cet ennui animal est décelé par ces démarches singulières de l'individu recherchant avec curiosité et obstination le contact d'un type opposé au sien : un lymphatique fréquentera un sanguin; un sanguin se tiendra avec insistance auprès d'un nerveux; dans ces rapprochements par contraste, dans ces camaraderies paradoxales, on vise un transfert de constitution ; on se soumet à l'action d'un courant inconnu, à l'imprégnation d'un fluide étranger; on désennuie son corps en le proposant à la suggestion d'un corps différent qui lui enseigne obscurément d'autres rythmes, d'autres réflexes, un autre langage physiologique. Pour des raisons analogues, un lent lie société avec un vif, un faible se frotte à un fort, un timide emboîte le pas à un audacieux; on prétend s'assimiler par imitation, par transmission fluidique, une vitalité attirante et enviée. L'ennui du corps, comme l'ennui de l'esprit, conduit à la recherche du contraire et du différent; on tente follement de sortir de soi, on voudrait sauter hors de son ombre, devenir un autre bonhomme. Le corps dit à sa manière le mot de Fantasio : « Si je pouvais être ce monsieur qui passe! » Mais l'esprit peut prêter des paroles à sa rêverie confuse; alors se produisent des souhaits fantastiques de métempsycose miraculeuse : changer de race, de nationalité, de tête, revêtir des corps d'animaux; ce renouvellement total de personnalité serait une découverte nouvelle du monde. C'est encore le désir souvent soupiré, boutade d'ennui, d'un changement de sexe, tout en gardant, par ailleurs, notre identité première. Renan caressait cette rêverie avec son habituel sourire lorsqu'il écrivait : « Si quelque chose pourtant était concevable en cet ordre de rêves, je demanderais, comme récompense de mon œuvre de tête, à renaître femme, pour pouvoir étudier les deux façons de vivre la vie humaine que le créateur a établies, pour comprendre les deux poésies des choses. J'ai vraiment assez raisonné et combiné comme cela. Je voudrais, dans un autre monde, parler au féminin, d'une voix de femme, penser en femme, aimer en femme, prier en femme, voir comment les femmes ont raison[1]. »

1. *Pages détachées*, p. 39.

Enfin l'ennui du corps peut résulter de la stabilité même de la santé. Une santé uniformément parfaite, toujours au même ton, entretient dans l'esprit un accord fondamental, invariable, qui nous endort par sa répétition. Le bien portant à perpétuité, servi par une force tonique qui reprend toujours son niveau, voudrait se défaire de cette santé imperturbable, ne fût-ce qu'une heure, afin de s'éprouver différent. Traverser des états physiologiques variés, c'est connaître par répercussion des états mentaux de diverses couleurs, bigarrés, kaléidoscopiques. Il y a une curiosité de la maladie conçue comme une vie nouvelle, recélant des surprises de tout ordre : éclairage endoscopique, nous lui devrons peut-être des révélations de nous-même, par introspection ; une philosophie personnelle, des idées tirées de notre fonds ; du moins, des intermèdes de moindre santé, suivis de reprises vitales énergiques, dessinent des contrastes saisissants d'ombre et de lumière sur le chemin plat où nous avançons en automates.

Les jeunes gens, en leurs années de force inaltérable, éprouvent obscurément cet ennui à fond de sommeil provenant d'une santé arrêtée au beau fixe, comparable à ce *spleen* de l'Orient qui tombe d'un ciel monochrome, toujours bleu ; dans leurs divertissements peu mesurés, absurdes, bons à faire craquer leurs organes qu'ils expérimentent, dans leurs excès à se détruire, il y a la recherche d'un inconnu physiologique, un essai d'aborder sur une *terra incognita* où ils se réveilleront transformés. Les louches pénétrations de la maladie envahissante introduisent un intérêt de tragédie dans l'âge mûr qui se sent menacé; mais la cénesthésie monocorde de la jeunesse fait sensation d'ennui dans l'âme incolore et ensommeillée du jeune homme qui ne sait comment prendre conscience de lui-même.

Terminons ces exposés en remarquant que l'ennui par monotonie est le plus physiologique de tous les ennuis, opposable, en cela, à l'ennui par épuisement qui entre déjà dans la pathologie ; il est le premier en date dans l'existence et, intimement mêlé à la vie de tous les jours, personne ne l'évite ; il est connu des enfants qui demandent sans cesse des jouets neufs, et des animaux, qui font fête à ceux qui les amusent ; il n'est pas d'heure où il ne nous travaille, n'influe sur nos résolutions, nous conseillant les fugues inconsidérées, les palinodies inexplicables, les sauts dans l'inconnu ; nous obligeant, quand il nous pique, de changer, un peu vite et sans bonnes raisons, de logement, de café, d'amis, d'amour, de chapeaux ou de cravates.

CHAPITRE V

L'ENNUI PAR SATIÉTÉ

L'ennui naissant de la satiété, de l'excès des richesses, d'un rassasiement glouton du désir, cette notion est courante, et beaucoup diront que le mal de l'ennui n'appartient qu'aux rassasiés et aux riches; du moins l'éprouvent-ils dans ses états extrêmes, et c'est dans les hautes classes qu'il s'accompagne de raffinements particuliers : « ... Il est certain, dit Scherer, que l'ennui suppose une civilisation avancée, une société riche et paisible, une existence sans travail et sans désir. Il faut, pour le connaître, de la fortune, du loisir, des jouissances. C'est donc, en effet, le mal des gens heureux ou de ceux qu'on appelle ainsi[1]... » Mme de Maintenon, qui eut dans sa personne la sensation de l'ennui à un degré rare, écrivait : « Que ne puis-je vous donner mon expérience, que ne puis-je vous faire voir l'ennui qui dévore les grands et la peine qu'ils ont à remplir leurs journées ! »

Mais avant d'en arriver à parler de l'ennui des rassasiés, examinons le fait de la satiété.

1. *Études de littérature contemporaine*, t. III.

La satiété est une réplétion exagérée qui a entraîné le dégoût. Il est des cas de satiété accidentelle, expérimentale, pour ainsi dire, qui ne vont pas jusqu'à éveiller l'ennui ; ainsi l'état de plénitude qui suit un repas trop copieux ou l'ingestion démesurée de boissons agréables ; et, cependant, s'il y a fatigue des organes surchargés, ne voit-on pas s'esquisser la philosophie amère de la nausée, les retours sur soi à goût de cendre qui sont la rançon des lourdes ivresses ?

L'ennui est lié à l'état habituel de satiété. Quel est le contenu de cet état ?

On peut y relever de l'épuisement, car il y a eu excès ; du dégoût, car la jouissance recherchée a été mal conçue, mal conduite ; et, enfin, élément caractéristique à préciser, une véritable maladie, un affolement du désir. Le désir vrai n'est autre chose qu'un besoin ; la satiété qui éteint les besoins éteint les désirs. L'imagination se chargera de suppléer à cette disparition des appétits véritables ; elle invente alors des caprices, qui sont larves, ombres, imitations de désirs ; des velléités sans objet, sans support organique. Cet homme qu'on croit heureux, parce qu'il se dit repu, n'est point satisfait dans son rassasiement apparent ; il se laisse envahir par des désirs larvaires et misérables, artificiels et morbides, fuyants et évanescents, sans représentation déterminée, sans force soutenue ; désirs d'épuisé râlant, de jouisseur imbécile dont les sens s'émoussent et dont la pensée flotte. Ces fantômes dansants, ces velléités fantasques qui traversent le champ de la conscience en jetant des ordres dont l'exécution est impossible, sont les agents de l'ennui pour qui a livré sa vie à leur despotisme.

Nous passerons en revue ces phénomènes de satiété chez les riches et chez les habitants des capitales; mais indiquons auparavant les rapports de l'ennui avec le bonheur et avec le plaisir.

L'ENNUI ET LE BONHEUR. — Le bonheur n'a pas de comptes à rendre à l'ennui : l'un l'autre se nient réciproquement; le bonheur est plénitude, extase, ivresse; il dure peu; il suffit pour qu'il s'évanouisse de constater son écoulement; il oscille entre l'inconscience et le désespoir; s'il se prolonge il s'émousse, et l'on a lancé cette boutade : « Le bonheur est une envie de dormir. » Certains prétendent qu'on ne saurait être heureux tout un jour : « Le bonheur n'est autre chose que la satisfaction, et le propre de la satisfaction est de s'évanouir par cela seul qu'elle est là. Une fois qu'on a obtenu, on ne désire plus puisqu'on possède; on trouve d'ailleurs la jouissance inférieure à ce qu'on avait imaginé, précisément parce qu'on l'avait rêvée permanente... Et le bonheur n'est pas, puisque, au moment où l'homme se croit heureux, il a déjà cessé de l'être[1]. » Le bonheur est un éclair, un frisson, un souffle, un rien; il n'existe pas en tant qu'absolu; mais il com-

1. Scherer, *Études sur la littérature contemporaine*, t. IX, article sur « Le Bonheur », de M. Sully Prudhomme.

porte tous les degrés du relatif et il est indéfiniment approximable.

L'ennui et le plaisir. — Le plaisir est en perpétuels démêlés avec l'ennui. Nous entendons marquer les points suivants : le plaisir échoue dans l'ennui, parce qu'il aboutit rapidement à l'épuisement et à la satiété ; parce qu'il est un acte absurde en soi, qui contredit la réalité de la vie ; parce qu'il est un art difficile où ceux-là seuls réussissent qui y portent une vocation éminente.

Le plaisir est une jouissance intense à base de sensualité. Cette définition met hors de cause les plaisirs intellectuels ou tous autres qui reposent sur la modération et sur l'habitude.

Une jouissance d'exception et voulue pour son intensité même entraîne des frais organiques considérables, des désintégrations énormes que l'être ressent obscurément. Le plaisir — particulièrement chez les faibles — apparaît comme un péché, parce que notre démolition intérieure, qu'il provoque, nous inquiète ; péché contre soi, contre l'instinct de conservation. Le jouisseur de tempérament, qui ne s'arrête que dans l'impuissance, rassasié jamais assouvi, finit épuisé ; de la sensation sourde de sa destruction sortent les tortures de l'ennui.

Le plaisir échoue dans l'ennui, parce qu'il est une bravade, un acte suspendu dans le vide, aux lendemains de remords [1], en désaccord criant avec ce qu'on

1. Surtout s'il nous a coûté trop d'argent.

peut appeler la réalité de la vie qui n'est pas drôle. En ses formes extrêmes, égarées, convulsives, il est une impulsion délirante de l'ennui de vivre, le décret irrité d'un désespoir qui cherche une revanche; tendant vers l'excessif, s'excitant par des gageures, ne déployant toute sa virtuosité que dans le fantastique, il est aussi une manière de suicide. L'homme qui a décidé de « s'amuser » entend par là qu'il va abdiquer sa raison et qu'il donnera libre cours à des fantaisies qu'il ne surveillera pas; il revêt l'âme et le visage d'un fou, car il sent qu'il achète trop cher ces courts instants de jouissance, et que les combustions qui allument le foyer de cette heure brûlante sont une avance considérable faite à la mort; il y a en lui de la rage du désespéré qui se damne et se ruine; il est en rébellion ouverte et insoutenable contre la vérité des choses, contre la réalité de la vie. — La réalité, c'est le combat pour l'existence, l'angoisse de l'avenir, les plaies du cœur, les souvenirs empoisonnés; et pourquoi ne seraient-ce pas aussi les souffrances connues et inconnues qui emplissent la terre, qui s'ajoutent à l'horreur que nous cause la vie et que nous voudrions oublier? Le plaisir qui rit, qui chante, qui lève une coupe débordante, qui jette des défis à la destinée, prétend avoir raison de toute la désespérance humaine; vaines fanfaronnades! nous sommes ici dans la fiction, dans le mensonge; et si l'homme qui s'amuse et fait parade de sa joie a revêtu soudain un masque étrange de délire et de folie, c'est qu'il soutient une lutte pathétique contre un assaut d'images sinistres qui ne se laissent pas aisément repousser.

Le plaisir, quand il est d'ordre compliqué, s'effondre souvent dans la déception et l'ennui, parce que sa mise en œuvre appelle des ressources exceptionnelles, un tour de main prestigieux. Voyez combien est laborieuse l'organisation des divertissements qui visent à nous amuser. La simple entreprise d'une soirée mondaine, d'un dîner somptueux, est un art difficile et qui coûte cher. C'est que l'ennui est l'ennemi invincible qu'on entend attaquer; les assistants l'apportent avec eux, l'éternel ennui de vivre, inné en toute chair, sur lequel se greffent les tristesses individuelles; sortant des fronts mal déplissés, des paroles circonspectes où l'on se défend de prononcer son nom ; il circule toutefois dans cet air où on lui donne la chasse; les organisateurs de la fête se demandent s'ils ont rassemblé contre lui assez de violons, de fleurs, de lumières, de champagne! Il s'agit de faire perdre la tête aux invités, de les tenir émerveillés. Tour de magie invraisemblable, car l'existence qui est odieuse se rappelle à nous de toutes parts; notre âme est lugubre à hurler! L'ennui a toutes les chances pour rester le maître de l'heure.

Rien de curieux à observer comme le jeu alterné de l'ennui et du plaisir sur la figure de gens qui essaient de se donner un peu de bonheur. La joie annoncée ouvre la scène, et ses éclairs se succèdent sur les visages, en décharges pressées; mais, à mesure que la fête avance, l'obscurité qui règne entre deux illuminations de gaieté étend son empire; l'ennui, la fatigue gagnent du terrain; l'individu s'interroge sur un ton demi-plaisant, demi-sérieux : Qu'est-ce que je fais là? Est-ce que je m'amuse? Si je m'en allais? — Au théâtre, dans les spectacles machinés selon les règles de l'art, il y a un *crescendo* obligatoire; on a réservé pour la terminaison de la séance les effets foudroyants, les « coups de poing de la fin »; le spectateur s'en ira sur une impression cumulative qui l'aura réveillé. Dans les parties de plaisir sans plan, sans direction, on risque fort d'avoir au bout un épuisement morne, des réflexions corrosives, le sentiment d'une déroute.

Il nous sera donc permis de dire : le plaisir, art du diable, est un tour de force et d'adresse qu'il est bon de tenter rarement; exigeant de l'organisme d'énormes mises de fonds, entrant imprudemment en lutte avec l'inexpugnable tristesse de vivre, il est trop souvent destiné à être un *four*, à échouer dans l'ennui ; il y faut apporter une vocation spéciale, et la plupart des hommes, pour être dépourvus d'esprit, sont plus jolis à voir quand ils travaillent, que quand ils s'amusent[1].

1. Schopenhauer écrit : « Les magnificences sont pour la plupart de pures apparences, comme des décors de théâtre, et l'essence de la chose manque. Ainsi des vaisseaux pavoisés et fleuris, des coups de canon, des illuminations, des timbales et des trompettes, des cris d'allégresse, etc., tout cela est l'enseigne, l'indication, l'hiéroglyphe de la *joie*; mais le plus souvent la joie n'y est pas : elle seule s'est excusée de venir à la fête. Là où réellement elle se présente, là elle arrive d'ordinaire sans se faire inviter ni annoncer, elle vient d'elle-même et *sans façons*, s'introduisant en silence, souvent pour les motifs les plus insignifiants et les plus futiles, dans les occasions les plus journa-

L'ENNUI DU RICHE. — L'ennui du riche, produit de la satiété, est devenu proverbial. S'il y a relation forcée entre la richesse et l'ennui, c'est que l'esprit du riche est posé comme conditionné par sa richesse, de même que, par un déterminisme analogue, la vie entière du misérable peut se déduire de son état de pauvreté. Sa fortune créant sa paresse, le riche sera un oisif, un esprit vide, une âme nulle, sans passion. Cependant, parmi ces favorisés de l'argent, n'en est-il pas qui se mettent au régime bienfaisant du travail? Le riche qui travaille joue la comédie; il ne sera jamais qu'un amateur; dès que sa fantaisie ne l'amusera plus, il changera de jeu; cette pensée est ancrée en lui que ses gestes empruntés de lutteur n'auront pas de sanction sérieuse, et cela suffit à ruiner la sincérité de son effort. — Mais, dira-t-on, il s'en trouve, on en peut nommer qui s'adonnent à de sérieuses entreprises, qui se dévouent à un idéal, en un mot, qui dépouillent les goûts et les habitudes de ce frelon voluptueux et paresseux appelé le riche. — Certes, et nous mettons volontiers ceux qui en sont dignes hors de procès.

Le riche est l'homme de l'ennui parce que ses mouvements ne sont pas commandés par cette nécessité d'agir qui nous donne une volonté, qui est le plus

lières... En général, ces fêtes et ces réjouissances portent toujours en elles quelque chose qui sonne creux ou, pour mieux dire, qui sonne faux, précisément parce qu'elles contrastent avec la misère et l'indigence de notre existence, et que toute opposition fait mieux ressortir la vérité. » *Aphorismes sur la sagesse dans la vie*, p. 158; trad. Cantacuzène; Paris, F. Alcan.

ferme soutien de notre force. La question mille fois retournée dans son esprit : Que dois-je faire ? le met à chaque instant en face du vide. Nulle part, il n'est attendu ; où qu'il aille, il n'apporte rien de décisif ; sauf l'emploi de Mécène qu'on lui indique discrètement, il ne saurait remplir aucun rôle ; la société n'accorde son attention qu'à ceux qui mettent à son service un métier déterminé, une aide quelconque.

Se tenant en dehors de la vie militante, il sera marqué d'une réelle infériorité. L'école qui lui manque, c'est une profession. Outil de combat, instrument de puissance, une profession nous délègue à un poste, elle nous confère un talent ; elle moule notre figure en haut-relief, elle prend à son compte nos journées et équilibre toute notre existence[1].

On objectera : Une profession est aussi une déformation de l'individu, la plus lourde servitude qu'il ait sur les épaules ; la richesse est un don des dieux qui nous exempte des travaux professionnels, faits de routine morne et d'épuisants combats. Maître de soi par l'argent, le riche cultivera son humanité ; rien ne lui sera étranger, il cueillera la fleur des choses et il ornera son cœur de raffinements et de délicatesses dont la

1. M. René Bazin se trouvant en contact, au cours d'un voyage, avec des industriels, des propriétaires de mines, des occupés qui causent de leurs affaires, s'exprime ainsi : « Je sens avec délices l'inquiétude et la fièvre de la vie, car les hommes qui s'amusent ne vivent qu'à moitié ; il leur manque cette vigueur de ton, cette passion de l'intérêt qui rapproche des gens de conditions diverses, les u[illegible] prises et les met en valeur, l'un par l'autre, jusqu'à donner une physionomie, une conversation au plus obscur travailleur. » (*Terre d'Espagne*, p. 52.)

douceur est interdite à ceux qui sont retenus dans la vie besogneuse et les luttes de toute brutalité.

Eh, sans doute, qui songe à le nier? l'argent est un des éléments du bonheur, un agent merveilleux d'éducation personnelle et de culture; quelques-uns, il faut l'avouer, savent admirablement s'en servir. Dans la lutte contre l'ennui, commune à tous les hommes, quel avantage que la richesse! ne renferme-t-elle pas une possibilité infinie de sensations? on peut tirer d'elle la matière de plusieurs existences; mais le riche qui méconnait les soins dus à son intelligence échoue stupidement dans l'ennui.

La grande faute du riche, c'est qu'en se détournant du travail il esquive l'effort qui nous grandit; n'exerçant pas ses facultés, son esprit est frappé d'un arrêt de développement; or on jouit en raison de la force, de l'étendue, de l'originalité de sa personnalité[1]. Le riche est un inculte, un simple, il est atteint d'une faiblesse organique de l'attention, d'une maladie incurable du désir et de la volonté. Ainsi défini, c'est une âme pauvre et falote; il ne sait pas la figure exacte des choses: il n'embrasse rien d'une forte étreinte; son regard est

1. « La richesse proprement dite, c'est-à-dire un grand superflu, contribue peu à notre bonheur; aussi beaucoup de riches se sentent-ils malheureux, parce qu'ils sont dépourvus de culture réelle de l'esprit, de connaissances, et, par suite, de tout intérêt objectif qui pourrait les rendre aptes à une occupation intellectuelle. Car ce que la richesse peut fournir au delà de la satisfaction des besoins réels et naturels a une minime influence sur notre véritable bien-être... Cependant les hommes sont mille fois plus occupés à acquérir la richesse que la culture intellectuelle, quoique certainement ce qu'on *est* contribue bien plus à notre bonheur que ce qu'on *a*. » (Schopenhauer, *Aphorismes sur la sagesse dans la vie*, p. 10.)

brouillé, ses pas sont incertains, et s'il fait du plaisir sa grande affaire, il n'y goûte pas de satisfactions décisives ; ceux-là seuls touchent le fond de la jouissance, qui s'y jettent avec une imagination affamée et une frénésie à faire peur.

Ce qu'il y a de plus malade chez le riche, c'est le fond de la vie qui est l'appétit, qui est le désir. Le désir pour être recevable doit être l'expression d'un besoin ; le riche qui s'entretient rassasié ne saurait avoir de désirs véritables ; abusant de jouissances faciles, mises à portée de sa main, qu'il n'a pas eu le temps de convoiter, que l'imagination n'a pas transfigurées, obéissant à des impulsions irraisonnées, à des déterminations fantasques, nul plus que lui n'est trompé par la réalité, déçu par la possession.

La déception dans la jouissance, la détresse au sein de l'abondance, la sensation du vide dans l'instant où l'on paraît comblé, tels sont les éléments de son ennui. Comment va-t-il s'en délivrer? Il mettra au jour d'incroyables fantaisies que leur réalisation condamnera.

Dans son esprit inquiet et misérable, c'est un pullulement de caprices dansants et grêles, une ronde folle d'images fuyantes et évanescentes. Le riche reproduit l'ataxie morale du caractère hystérique, l'instabilité morbide du déséquilibré ; incité par son argent, il se croit obligé de tout désirer. Mais ces désirs qui grouillent et se combattent sont une fatigue pour l'esprit qu'ils obsèdent ; auquel se confier? Ne parvenant pas à les juger, le riche entend les satisfaire tous. Dès qu'une image se dessine en sa cervelle, dès que l'ombre d'une tentation l'effleure, ses mains se tendent, il s'élance à la poursuite avec une ardeur insensée; c'est un chasseur de fantômes, un coureur haletant de feux follets. A son gré les express ne vont jamais assez vite ; il n'a pas assez de serviteurs pour les ordres qu'il donne; pour toutes les agitations qu'il décide, la journée n'est jamais assez longue.

Il assistera à toute cérémonie, à tout événement signalés; il ne manquera aucun spectacle ; la réunion où il fera défaut lui réservait peut-être la surprise miraculeuse qu'il attend. On le rencontre en tous lieux, badaud incomparable, serf de la mode et du snobisme ; rien de plus composite et de plus panaché que ses journées incohérentes, et il serait curieux de relever le tracé désordonné de ses pas sans direction, au cours de l'année.

Mais examinons de plus près les plaisirs du riche, et voyons ce qu'il en tire.

Un de ses passe-temps favoris, c'est le voyage. Le riche voyage pour se désennuyer. L'ennui décide le départ, il se trahira dans les soubresauts de l'itinéraire, il fera l'imprévu du retour.

Le riche, qui débarque un peu au hasard dans un pays nouveau, s'est enquis de ce qui est à voir, et il fait effort pour s'intéresser à ce qu'on lui montre; il joue à l'érudit, à l'enthousiaste, au rêveur ; ces rôles sont difficiles, et chacun de nous n'est à son aise que dans ses plaisirs d'habitude ou dans les occupations qu'il a longuement pratiquées. Le voyageur improvisé abandonne bientôt cette comédie; il laisse tomber ces grimaces; s'il s'est adjoint des compagnons de route, une fête intime s'organisera, une vraie partie de plaisir qui conjurera le malaise indéfinissable de cette excursion singulière. Et dans sa chambre d'hôtel il se prend la tête entre les mains, se demandant ce qu'il doit faire : poursuivra-t-il sa route, ou rentrera-t-il chez lui? Sa délibération prend conseil de l'ennui qui le ronge; il épie, il interroge cette souffrance qui ne se définit jamais et qui se fait toujours obéir ; le riche est l'acteur plutôt comique de l'ennui; il est aux ordres d'un sphinx impérieux et d'une stupidité épouvantable.

Il ne saurait séjourner longtemps nulle part; il va d'un train foudroyant, pensant dépister l'ennui par la vitesse et les zigzags de sa course; il fait tenir toutes ses impressions dans le choc des arrivées et la précipitation excitante qui précède les départs; mais est-il pire malaise que cette confusion papillotante de sensations effleurées?

Caprice de l'ennui, amusement de la vanité, un des plaisirs du riche est la recherche des hommes célèbres et gloires du jour; sa curiosité éprouve quelque émotion à ces frottements; est-ce que l'ennui y trouve son compte?

Il est beaucoup de créateurs intellectuels, dont le talent est placé tout entier dans leurs œuvres, — à cent pour cent, pourrait-on dire, — et qui ne laissent rien passer de leurs rares facultés dans le commerce journalier et banal ; à les fréquenter on est fort attrapé ; leur présence est une mystification. D'autres, moins spécialisés, d'une humanité plus variée, se communiquent par le charme personnel; sont-ils toujours disposés à se livrer ? Le riche qui s'approche en badaud d'une personnalité illustre attend souvent en vain que le magicien acclamé lui dévoile le secret de ses passes, et il n'obtient pas non plus les révélations intimes réservées à des admirateurs plus sûrs. Mais il sait que ces hommes sacrés par la célébrité ont accompli un exploit fabuleux, qu'ils ont surmonté des obstacles inouïs, et à entrevoir leurs dons merveilleux, à mesurer leur énergie héroïque, il fait des retours pénibles sur l'insignifiance et la nullité de sa personne.

Les fêtes mondaines, les grandes réceptions, les galas somptueux, voilà le domaine où le riche est chez lui, où il savoure des heures triomphantes. Mais l'éclat de ces brillantes parades s'émousse à la répétition et n'est plus sensible à ses yeux. Les assistants habituels de ces cérémonies ne s'intéressent plus au programme de la fête ; ils sont tenus d'apporter avec eux les soucis et les intrigues qui doivent les captiver.

Tout spectacle est bon pour le riche qui promène partout son ennui et ses fantaisies sont parfois singulières ; mais où qu'il se rende, quoi qu'il entreprenne, ses habitudes ne l'abandonnent pas ; il entend ne pas sortir de l'état de paresse ; il ne s'intéresse sérieusement à rien. De son indifférence dédaigneuse il se fait une supériorité. Passif, indolent, inerte, il regarde mollement ce qu'on lui fait voir, sûr d'avance qu'il ne lui en restera aucun souvenir, pas plus qu'un miroir ne garde trace des figures qu'il a reflétées. Spectateur, rarement acteur, agi, non point agissant, il envie ceux qui font un acte passionnant de leur métier, afin de le distraire. Et voyant combien peu d'avantages il tire de sa fortune, soupçonnant que d'autres moins favorisés que lui sont tout aussi habiles à découvrir des jouissances, son ennui s'aiguise de regrets poignants et de comparaisons douloureuses.

Après les plaisirs qui ne l'amusent plus, après les fantaisies de tout genre qui ne le font plus tressaillir, il a en réserve une émotion suprême qui l'ébranlera à le foudroyer : nous voulons parler du jeu. Quand le riche ne sait plus rien tirer de son or, il lui reste à risquer la perte de cet or. Dans l'instant où il jette sa fortune sur un tapis vert, où il signe des ordres de Bourse, il court un danger réel ; lui qui s'accusait de ne plus rien sentir est étreint par une angoisse indicible ; il a dans la tête une sombre ivresse, le vertige de l'abîme. Le jeu, au mécanisme si simple, apportant des commotions foudroyantes, fait reculer l'ennui. Dans l'esprit tendu à éclater du joueur il n'y a plus un atome d'ennui, et on n'en trouverait pas davantage chez des soldats qui font face à une pluie de balles, ou chez des matelots en lutte dans une tempête. Ces heures d'intensité affolante ne sauraient se prolonger ni se répéter. Les ressorts de la machine humaine s'y usent. Le jeu, d'ailleurs, ne fournit aucune solution :

si l'on est parmi les gagnants, que faire des sommes ramassées, sinon les remettre sur le tapis? et si le sort consomme sa ruine, par quelle porte rentrera-t-il dans l'existence ce riche de la veille, aujourd'hui plus désarmé que les misérables qui savent le maniement d'un outil et vont avec un dur courage à la conquête du pain quotidien.

Mentionnons pour mémoire les exploits d'immoralité, les scélératesses sadiques qui sont si souvent impulsions et revanches de l'ennui ; le riche en quête d'aventures étranges trouve aisément des rabatteurs ; il se fera fort de braver les lois ; il endosse le scandale avec désinvolture.

Sans insister sur ces tristes fanfaronnades, soulignons cette idée générale bien connue : *la joie dérive d'un contraste ;* elle a une saveur particulière quand elle a son point de départ dans un état de souffrance qui prétend être indemnisé. Or le riche ne distingue pas ses plaisirs de sa vie habituelle, pourrie de douceurs affadissantes ; il porte jusque dans la jouissance son ordinaire état d'indifférence paresseuse. La meilleure préparation au plaisir, c'est le désespoir qui a encore toute force pour se ressaisir et se venger. Pour le désespéré, le plaisir est un besoin irrésistible, le narcotique où il met son espoir, l'antidote béni de sa souffrance intolérable ; de courts instants de joie le munissent d'une longue chaleur et gravent dans son âme vibrante à l'excès des souvenirs qui ne s'effacent pas.

Terminons en disant que le riche paraît bien ne pas

jouir de sa fortune, puisqu'il se laisse dépouiller. Il est l'éternel vaincu des partis révolutionnaires. S'il goûtait des joies supérieures dans ses privilèges et sa richesse, il les défendrait mieux. Le bonheur, dira-t-on, nous amollit ! mais l'amant le plus hébété par la sensualité retrouve une énergie superbe pour défendre son amour qu'il préfère à sa vie. Le riche vit en état de satiété et d'inertie ; annihilé par l'ennui il plie devant les empiétements, il laisse faire ; il cède la place à des jouisseurs plus décidés que lui ; les biens de ce monde vont aux appétits les plus avides.

L'ENNUI DES CAPITALES OU DES GRANDES VILLES. — L'habitant d'une capitale ou d'une grande ville vit en état d'ennui par satiété, soit qu'il ait sa part effective des biens accumulés en ces Eldorados, soit qu'il prélève seulement sur eux une jouissance fictive, toute d'imagination. Ajoutons qu'il entre dans cet ennui une part d'épuisement provenant des conditions de la vie urbaine.

Qu'il y ait rassasiement et ennui au sortir de jouissances réelles conduites d'une manière exagérée, le cas est celui de l'ennui des riches, des *possidentes* repus : mais nous voulons marquer que la jouissance imaginaire, la seule permise à la multitude, aux pauvres diables, mène aussi à la satiété et à l'ennui.

Nos images mentales sont un substitut de la réalité ; notre cerveau est un microcosme. Qui a beaucoup vu a beaucoup retenu ; on vit réellement de souvenirs. Or, l'habitant des capitales est un privilégié qui assiste en bonne place à nombre d'événements considérables; il est un témoin ému et pérorant des faits du jour les plus impressionnants. Mille objets s'imposent à son regard et s'y peignent en images d'autant plus vives qu'il incline vers la surexcitation maladive; il s'excite et délire à la suite des ambitieux et des jouisseurs qui défilent sous ses yeux dans ce rendez-vous de toutes les ambitions; il est un mégalomane par imitation, et, s'il ne lui est pas donné d'être un des rois de la fête, il entretient, par compensation, dans son cerveau enflé et avide, quantité de représentations qui sont substituts des possessions rêvées.

Cet homme a perpétuellement l'esprit plein et rassasié, et peu importe que ce soient des fantômes qui lui remplissent la tête; ces images incertaines tiennent lieu de la réalité. Il est lourd d'un rassasiement étrange qui enveloppe des aspirations vagues, infinies et douloureuses; il s'agite en mouvements inquiets; il convoite toute ombre qui passe. Son désir caché serait de se trouver en tous lieux, de tout voir, d'être partout l'invité qu'on attend, le personnage important qu'on acclame. La proximité provocante de tant de biens désirables le rend malade d'envie. Oui, mais il n'est qu'un spectateur de dernier rang, un anonyme de la foule qu'on tient à bonne distance, un niais qui a prêté son dos à l'apothéose des puissants et revient plus déconfit dans sa vie misérable.

Que peut-il sortir de ces déboires répétés? Une poignante impression de vide. L'imagination court après les objets qui l'ont frôlée et qui nous fuient : le rêve singe le réel et ne ramène que formes creuses et images vaines.

Les gens des grandes villes, qui entretiennent à grands frais cet état d'âme lourd à porter, en ont-ils toujours claire conscience? Assurément non. Afin de se connaître, qu'ils quittent un moment leur capitale, et, s'étant transportés hors d'eux-mêmes, ils se verront du dehors. Que l'habitant de Paris, par exemple, fasse un séjour prolongé dans les provinces, en de paisibles hameaux ; il se sentira loin du personnage un peu théâtral qu'il joue à la ville, et il se jugera. Parisien, encore que fier de son titre de carton, a-t-il bien choisi sa place et son sort? Habite-t-il un paradis ou un enfer? Mais, tel qui n'a plus rien à espérer de la capitale et devrait liquider ses positions, ne consentira à battre en retraite que quand il sera à bout d'imagination. C'est l'imagination qui mène le sabbat des grandes villes; la roue de la fortune ici tourne plus vite qu'ailleurs; demain tous seront riches et triomphants! mais après la chimère exaltante, vient le tour de l'ennui rongeur.

Facteur important de l'ennui des grandes villes n'oublions pas l'épuisement installé chez ce citadin que nous avons représenté comme un surexcité et un surmené. Sollicité aux excès de tout genre, aux surmenages de toute sorte, dans une atmosphère embrasée où souffle le délire, où les suggestions dangereuses, multipliées par les corps pressés, sont toutes-puissantes, que de fois l'être titube et s'abat, demandant grâce au plaisir aussi bien qu'au travail ! Il passe outre ; l'élan du moment couvre la fatigue. Dans tous les replis de son organisme, perçue ou non, cette fatigue s'emmagasine ; elle sera portée un jour à son compte de malade. L'agité des cités fiévreuses, opérant sur un fonds d'épuisé, se débat à tout instant dans les tortures sourdes de l'ennui[1].

Il existe donc un ennui des capitales ou grandes villes dû en partie à la satiété, réelle ou imaginaire, en partie à des phénomènes d'usure.

Ce même ennui où se mêlent, à doses variables, la satiété et l'épuisement, se retrouvera en toute situation qui confère à l'individu un monopole de puissance, de richesse, de jouissance, la libre possession menant à l'excès. De cette formule, il est aisé de déduire le fameux ennui des rois, des Césars. Il est réductible à l'ennui des riches, mais aggravé par des distractions plus audacieuses et plus nombreuses. Ces distractions sont du genre de celles dont se repentait Louis XIV, lorsqu'il faisait cet aveu piteux : « J'ai trop aimé la guerre ! » Il y a aussi les divertissements formidables de Néron, de Louis XV.

L'ennui par satiété est le fruit pourri de la civilisation et du plaisir.

1. Max Nordau signale le séjour des grandes villes comme cause de dégénérescence et d'épuisement : « L'habitant de la grande ville, même le plus riche, celui qu'entoure le luxe le plus recherché, est continuellement exposé à des influences défavorables qui amoindrissent sa force vitale, bien au delà de la mesure inévitable. Il aspire un air chargé de détritus organiques, il mange des aliments flétris, contaminés, falsifiés, il se trouve dans un perpétuel état de surexcitation nerveuse, et on peut le comparer sans exagération à l'habitant d'une contrée marécageuse, etc. » (*Dégénérescence*, t. I, p. 61 ; Paris, F. Alcan.)

CHAPITRE VI

L'ENNUI PAR SENTIMENT DU NÉANT DE LA VIE

Sous cette expression : le néant de la vie, nous groupons les idées suivantes : l'impossibilité reconnue du bonheur ; la vanité de l'effort qui ne conduit jamais à une victoire définitive; le vide des joies éphémères ; le sentiment que rien ne vaut au regard de l'infini qui nous dévore ; l'intuition de l'égoïsme et de l'imbécillité universels.

Celui qui professe ce *Credo* pessimiste, qui y conforme ses actes, porte dans sa poitrine un cœur dur et glacé et se condamne à l'ennui sans remèdes.

Le sentiment du néant de la vie reconnaît diverses origines ; il est bon de les démêler pour voir comment il donne naissance à l'ennui.

1° *Le sentiment du néant de la vie nous est donné par l'expérience.* Il n'est pas premier, fondamental, mais il s'acquiert fatalement au cours des jours. On débute par la croyance exaltée à la réalité de la vie (réalité du bonheur, de l'amour, de l'amitié, de l'honnêteté, etc.); on croit à la solidité du sol sous ses pas, à la durée de la santé, et presque à l'éternité de sa propre existence. Beaucoup ajoutent à ce bagage d'affirmations intrépides la foi à l'idéal tel qu'ils le conçoivent, et à des espérances hardies dont ils prédisent la prochaine réalisation. Le temps dissipe ces mirages, et la vie qui ne nous a apporté que déceptions et échecs, qui a amoindri, défiguré, caricaturé notre personne, nous fait l'effet d'une duperie, d'un affreux néant.

Le seul progrès des années qui emportent sans retour nos illusions et nos forces est une démonstration irrésistible du néant des choses. Dès que la santé fléchit et que le physique trahit son usure, tant d'actes réputés intéressants nous apparaissent vidés de leur contenu délectable, et désormais sont insipides ou dangereux à tenter. Des sensations jadis pleines sont devenues creuses; savoureuses autrefois, elles ne sont plus que coquilles de noix à jeter. Le plaisir ne nous réussit pas davantage que le travail. De nos plus simples divertissements : une promenade, une partie de chasse, une soirée de théâtre, un dîner en ville, nous revenons déçus, irrités, n'ayant rien goûté des joies escomptées, et nous disons : la vie ne vaut plus rien.

L'ennui prend la place des joies disparues. Il sort de nos sensations viciées, de notre effondrement physiologique; il nous signifie la faillite de nos espérances, notre irréparable défaite. Il existe toutefois à proportion de notre faculté de généralisation et d'analyse, et les esprits à disposition mélancolique, qui vont jusqu'aux extrémités de la désespérance, savent extraire d'une expérience amère toute la quantité d'ennui qui s'y trouve contenue.

2° *Le sentiment du néant de la vie peut être le produit d'un excès de souffrance.* Quand la souffrance morale, dont la diversité est infinie, fond sur nous jusqu'à excéder nos forces, nous en restons écrasés, et devenons la proie d'un ennui qui est aussi un incurable désespoir.

De cette sorte était l'ennui d'Hamlet transporté de dégoût devant la vie révélée immonde : « Oh ! si cette trop, trop solide chair pouvait se fondre, se liquéfier et se résoudre en rosée ! Oh ! si l'Eternel n'avait pas formulé ses décrets contre le suicide ! O Dieu ! O Dieu ! combien fastidieux, usés, vulgaires, stériles me semblent tous les biens de ce monde[1] ! »

Nous relevons le dégoût de la vie, l'ennui par souffrance excessive dans l'histoire de Mlle de Lespinasse, de qui d'Alembert nous a laissé un curieux portrait : « Quoique vous ne soyez pas toujours mélancolique, vous êtes sans cesse pénétrée d'un sentiment plus triste encore ; c'est le dégoût de la vie : ce dégoût vous quitte si peu, que si, même dans un moment de gaieté on vous proposait de mourir, vous y consentiriez sans peine. Ce sentiment continu tient à l'impression vive et profonde que vos chagrins vous ont laissée ; vos affections même, et l'espèce de passion que vous y mettez, ne la détruisent pas ; on voit que la douleur, si je

1. *Hamlet*, acte I, scène II, traduction Montégut.

puis parler de la sorte, vous a *nourrie*, et que les affections ne font que vous consoler. »

Mme de Maintenon parvenue à une fortune inouïe ressent le néant des grandeurs où elle est juchée et exhale son ennui en plaintes déchirantes : « Ne voyez-vous pas que je meurs de tristesse dans une fortune qu'on aurait peine à imaginer ; et qu'il n'y a que le secours de Dieu qui m'empêche d'y succomber? » « Si je croyais que vous puissiez contribuer à me faire vivre cent ans je vous dirais toutes les raisons que j'ai de mourir. » « Je m'ennuie de vivre, je m'ennuie à la mort, je ne veux plus rien aimer au monde ; ma seule consolation, c'est d'être vieille. »

Rappelons le cas de Théophile Gautier. Il dut son ennui résigné et gémissant aux souffrances ressenties dans sa nature de poète tombé au métier de critique, condamné au feuilleton forcé. « On peut dire, sans exagération, que pendant toute son existence de critique dramatique, il a fait ses articles avec découragement, sinon avec dégoût[1]. » Il confessait ne vivre que par devoir lorsqu'il écrivait : « Vous savez dans quel dégoût et quel ennui je suis des hommes et des choses ; je ne vis plus que pour ceux que j'aime, car, personnellement, je n'ai plus aucun agrément sur terre. L'art, les tableaux, le théâtre, les livres ne m'amusent plus : ce ne sont pour moi que des motifs d'un travail fastidieux, car il est toujours à recommencer[2]. » Il se plai-

1. *Théophile Gautier*, par Maxime du Camp.
2. Lettre de 1858.

sait à répéter cette parole : « Rien ne sert à rien, et d'abord il n'y a rien : cependant tout arrive, mais cela est bien indifférent. »

3° *Le sentiment du néant de la vie naît du travail de la pensée* qui scrute les choses à fond et les découvre creuses; on conclut à l'ennui, dernier mot de tout : ennui philosophique, métaphysique, qui pour être une pensée plutôt qu'un bâillement, n'en est pas moins douloureux.

La vie ne supporte pas d'être serrée de près : dès que l'intelligence l'emporte sur l'instinct, dès que la réflexion prime la spontanéité, il y a tendance au doute, au découragement, à la tristesse. Les vues d'ensemble sont accablantes pour notre petitesse : elles nous montrent le peu que nous sommes. Le penseur décidé à tout analyser, à tout dissoudre, trouve partout le vide[1]. Citons quelques exemples de ces méditations désolées.

Léopardi mérite d'être inscrit le premier parmi ceux qui s'appliquèrent à extraire l'ennui de toutes choses terrestres.

Il proclame l'inutilité de nos actions qui ne valent que pour passer le temps. «... Nous avons un besoin plus grave, auquel seuls nous pouvons pourvoir et que nous ne satisfaisons pas sans ennui et sans peine : je parle de la nécessité de passer notre vie, dure, invincible nécessité, à laquelle ni les trésors, ni les nom-

1. « La vie ne supporte pas d'être serrée de si près. C'est une croûte mince sur laquelle il faut marcher sans appuyer ; donnez du talon dedans, vous ferez un trou où vous disparaîtrez. La vraie philosophie n'a jamais consisté à sonder toutes les questions, mais souvent, au contraire, à les éluder. Nous côtoyons l'abîme, gare au vertige. » Ed. Scherer. Préface au *Journal intime* d'Amiel.

breux troupeaux, ni les champs fertiles, ni la cour, ni le manteau de pourpre ne peuvent soustraire la race humaine. Celui qui, dépité de ses années vides et haïssant la lumière du ciel, ne se décide pas à prévenir son destin tardif et ne tourne pas contre lui-même sa main homicide, cherche de tous côtés et poursuit mille remèdes inefficaces à la dure morsure du désir incurable et vain de la félicité... Le soin de ses vêtements, de ses cheveux, de ses actions, de ses pas, le vain souci des chevaux et des voitures, les salons fréquentés les places bruyantes, les jardins, les jeux, les repas et le bal envié occupent ses nuits et ses jours. Le rire ne quitte jamais ses lèvres ; mais, hélas! dans sa poitrine, lourd, solide, immuable comme une colonne de diamant, se tient l'ennui immortel, contre lequel rien ne peut, ni la vigueur de la jeunesse, ni les douces paroles d'une lèvre de rose, ni le regard tendre et tremblant de deux yeux noirs, ce cher regard, la chose mortelle la plus digne du ciel[1]. »

Pour Leopardi, l'ennui est la vérité par excellence, le secret de la vie, le sentiment qui prime tous les autres. Cette idée est développée avec une insistance persuasive dans le passage suivant où l'un de ses héros s'exprime ainsi «... Cette inclination (au désespoir) ne procède chez moi d'aucune disgrâce qui me soit arrivée ou que je puisse prévoir, mais d'un dégoût de la vie, d'un ennui si violent qu'il ressemble à une douleur et à

1. *Poésies*, tome II, traduction Aulard.

une convulsion, et du déplaisir que j'éprouve à connaître, à voir, à goûter, à toucher la vanité de chaque chose qui s'offre à moi dans la journée. De manière que non seulement mon intelligence, mais toutes mes sensations, même physiques, sont remplies de cette vanité, si je puis employer cette expression étrange, mais adaptée à ma pensée. Et premièrement tu ne pourras pas dire que cette disposition où je suis n'est pas raisonnable. Sans doute, j'accorderai volontiers qu'elle provient en bonne partie de quelque malaise physique, mais elle n'en est pas moins très raisonnable. Il y a plus : toutes les autres dispositions des hommes, par lesquelles ils vivent et croient que la vie et les choses humaines ont quelque substance, sont plus ou moins éloignées de la raison et se fondent sur quelque erreur et sur quelque imagination fausse. Mais rien n'est plus raisonnable que l'ennui. Les plaisirs sont tous vains. La douleur même, je parle de celle de l'âme, est vaine la plupart du temps; car à la considérer dans ses causes ou dans son objet, elle n'a rien ou presque rien de réel. Je dis la même chose de la crainte, la même chose de l'espérance. Seul l'ennui, qui naît toujours de la vanité des choses, n'est jamais ni vanité, ni erreur : il ne repose jamais sur rien de faux. Et l'on peut dire que si tout le reste est vain, tout le réel et tout le solide de la vie humaine se ramènent à l'ennui, consistent dans l'ennui [1]. »

1. *Œuvres morales*, dialogue de Plotin et de Porphyre, tome III.

Et le poète jette sa malédiction à la vie : « Amertume et ennui, voilà la vie ; elle n'est rien d'autre : le monde n'est que fange. Repose-toi désormais. Désespère à jamais. A notre race, le destin n'a donné que de mourir[1] ».

Leopardi, infirme, valétudinaire, dont les malheurs passèrent la commune mesure, a beau jeu pour conclure au néant de tout et ramener la vie ondoyante, follement luxuriante à ces idées nues : désillusion, douleur, brièveté des jours, mort. Mais qui songe à cet affreux squelette de l'existence, quand l'insouciance l'emporte, ou quand l'heure est dorée ?

Pour une heure de joie unique et sans retour,
De larmes précédée et de larmes suivie,
Pour une heure, tu peux, tu dois aimer la vie :
Quel homme, une heure au moins, n'est heureux à son tour[2] !

La philosophie de Leopardi, qui est un extrait de ses souffrances, ressemble trop souvent aux « paroles d'un mourant », aux propos gémissants d'un grabataire[3].

Flaubert dénonce l'insuffisance de la vie, et plus spécialement le grotesque de l'existence. Cet homme semble avoir pour refrain un sarcasme de cette sorte :

1. *Poésies : A lui-même.*
2. Sully Prudhomme, *La Joie.*
3. « Toute dénuée qu'elle ait été d'événements extérieurs, la vie de Leopardi est la plus riche en souffrances intimes et en réflexions sur ces souffrances que l'on puisse imaginer. La pauvreté s'unissait chez lui à la noblesse, la difformité au génie. » *La Philosophie affective*, p. 151, par J. Bourdeau. Paris F. Alcan, 1912.

Comment peut-on se tenir dans la vie avec un air sérieux ; ah ! non, la farce est trop forte ! — Et il sécrétait des pensées empoisonnées qui entretenaient son ennui. Il écrivait : « Si vous saviez comme je suis fatigué par moments ! Car moi qui vous prêche si bien la sagesse, j'ai comme vous un spleen incessant, que je tâche d'apaiser avec la grande voix de l'Art ; et quand cette voix de sirène vient à défaillir, c'est un accablement, une irritation, un ennui indicibles. Quelle pauvre chose que l'humanité, n'est-ce pas ? Il y a des jours où tout m'apparaît lamentable, et d'autres où tout me semble grotesque. La vie, la mort, la joie et les larmes, tout cela se vaut en définitive. Du haut de la planète de Saturne, notre univers est une petite étincelle. » « Comme c'est mal arrangé, le monde ! A quoi bon la laideur, la souffrance, la tristesse, pourquoi tous nos rêves impuissants ? Pourquoi tout ? » « L'humanité n'offre rien de nouveau. Son irrémédiable misère m'a empli d'amertume, dès ma jeunesse. Aussi, maintenant, n'ai-je aucune désillusion. Je crois que la foule, le troupeau sera toujours haïssable[1]. »

Mme du Deffand fait entrer dans son idée de l'ennui l'horreur de l'humanité telle qu'elle se révèle à son analyse impitoyable : « Quand je pense à tous les gens que je connais, même avec lesquels je vis journellement, qu'on appelle *mes amis*, il n'y en a aucun, hommes et femmes, qui aient la plus légère velléité de sentiments

1. *Correspondance*, passim.

pour moi, ni moi pour eux; il y en a même dans ceux que je vois le plus souvent, en qui je démêle une jalousie, une envie dont je suis occupée sans cesse à arrêter les effets et les progrès; la vanité, les prétentions rendent la plupart des gens insociables. Ai-je tort de trouver qu'il est malheureux d'être né[1]? » « On ne peut être en paix ni avec les autres, ni avec soi-même; on mécontente tout le monde : les uns, parce qu'ils croient qu'on ne les estime ni ne les aime pas assez, les autres par la raison contraire; il faudrait se faire des sentiments à la guise de chacun, ou du moins les feindre, et c'est ce dont je ne suis pas capable; on vante la simplicité et le naturel, et on hait ceux qui le sont; on connaît tout cela, et, malgré tout cela, on craint la mort[2]. » « Convenez que la vie est abominable, que les malheurs sont réels et le bonheur une illusion. J'en suis si fortement persuadée que la vieillesse m'est moins insupportable que naturellement elle le doit être. Je dis sur toutes choses qui me fâchent (et qui sont continuelles) : Cela ne durera pas longtemps; cependant la mort me fait peur; je ne saurais y fixer ma pensée, mais je déteste la vie[3]. »

Marc-Aurèle nous offre à considérer l'ennui philoso-

1. *Correspondance complète de la marquise du Deffand*, publiée par M. de Lescure. Lettre à Voltaire en 1771.

2. Lettre à H. Walpole, en 1768.

3. Lettre à H. Walpole, en 1771. — Elle voit à nu le mécanisme qui fait mouvoir les pantins humains lorsqu'elle dit : « J'admirais hier au soir la nombreuse compagnie qui était chez moi; hommes et femmes me paraissaient des machines à ressort qui allaient, venaient, parlaient, riaient, sans penser, sans réfléchir, sans sentir, chacun jouait son rôle par habitude... »

phique par mépris de la vie, un mépris doux et hautain, avec des retours d'indulgence pour nos compagnons de misère. Le livre des *Pensées* est la confession d'une âme plongée dans la contemplation de l'universelle vanité. Renan, qui lui a consacré de belles pages, s'exprime ainsi à son sujet : « ... A force d'analyser la vie, il la dissout, il la rend peu différente de la mort. Il arrive à la parfaite bonté, à l'absolue indulgence, à l'indifférence tempérée par la pitié et le dédain. « Passer sa vie résigné au milieu des hommes menteurs et injustes », voilà le programme du sage. Et il avait raison. La plus solide bonté est celle qui se fonde sur le parfait ennui, sur la vue claire de ce fait que tout en ce monde est frivole et sans fond réel. » « Sa sagesse était absolue, c'est-à-dire que son ennui était sans bornes[1]. »

Pascal envisage l'ennui comme étant le fond de la vie humaine; son style procède par coups de poignard, et brutalement il met à nu la vanité bruyante de ce monde, le vide de notre cœur, l'insatiabilité de nos désirs. Les hommes cherchent à se fuir, à s'étourdir, à oublier leur condition misérable ; ils ne peuvent se passer du « divertissement »; ils tendent au repos par l'agitation. « De là vient que le jeu et la conversation des femmes, la guerre, les grands emplois sont si recherchés. Ce n'est pas qu'il y ait en effet du bonheur, ni qu'on s'imagine que la vraie béatitude soit d'avoir

1. Renan, *Marc-Aurèle*, p. 465-482.

l'argent qu'on peut gagner au jeu, ou dans le lièvre qu'on court. On n'en voudrait pas s'il était offert... Ce lièvre ne nous garantirait pas de la vue de la mort et des misères, mais la chasse nous en garantit. — Ils s'imaginent que s'ils avaient obtenu cette charge, ils se reposeraient ensuite avec plaisir, et ne sentent pas la nature insatiable de leur cupidité... Ils croient chercher sincèrement le repos, et ne cherchent en effet que l'agitation. Ainsi s'écoule la vie... On cherche le repos en combattant quelques obstacles; et, si on les a surmontés, le repos devient insupportable... Et quand on se verrait même assez à l'abri de toutes parts, l'ennui, de son autorité privée, ne laisserait pas de sortir au fond du cœur, où il a ses racines naturelles, et de remplir l'esprit de son venin. »

Ces propos un peu longuement cités, empruntés à ceux qui pensent, sont pour montrer que l'ennui est le sentiment qui nous envahit, quand nous considérons l'inutilité de la vie et l'étendue de notre misère. Qui redit trop souvent et avec conviction : Tout est vain! n'a plus de goût à sa tâche[1]. « N'est-il pas merveilleux, dit Alfred de Vigny, que lorsqu'on apprend à l'enfant qu'il doit mourir un jour, il ne se couche pas jusqu'à ce que la mort vienne le prendre ? » L'enfant à qui l'on annonce qu'il doit mourir ne comprend pas : l'homme qui connaît son destin, se désespère.

1. « Celui qui a déchiffré le secret de la vie finie, qui en a lu le mot, est sorti du monde des vivants, il est mort de fait. » (Amiel, *Journal intime.*)

L'ennui par sentiment du néant de la vie appartient en propre aux méditatifs, aux philosophes, aux virtuoses de l'abstraction qui percent l'écorce colorée de la sensation pour en accuser le vide. Ils le construisent logiquement : ennui systématique, raisonné, invincible, qui se nourrit du sang de notre âme, se ramifie et fructifie ; idée fixe, idée chère, tramée de fines ciselures, frappée en aphorismes, fortifiée chaque jour aux dépens des illusions à jamais condamnées. Il a pour terme nécessaire le désespoir, car la pensée qui nous enseigne la désolation n'a point de consolation à nous offrir. L'analyse psychologique qui fouille le cœur humain et décèle ses laideurs, apporte des preuves de surcroît et des arguments subtils à notre horreur de vivre. Les plus clairvoyants des hommes sont aussi les plus dégoûtés.

Chez le chrétien l'ennui métaphysique par retour sur le néant terrestre n'est guère qu'un songe mélancolique, le soupir de l'attente. Le chrétien se tient dans l'attitude de Pascal qui désespérerait de ce monde, s'il n'y avait Jésus-Christ; mais comme il va douter de son bonheur et de la victoire finale du bien, une prière lancée à temps dans le sein de Dieu le relève.

L'ennui qui vient échouer dans le désespoir inconsolable est le fait du penseur établi dans le nihilisme absolu. Il a toutefois ses figures diverses. Certains, tout en contemplant fixement le néant, conservent la foi en l'idéal qui a ses réalisations fuyantes, qui se réalisera, un jour, à l'infini ; et ils sont des idéalistes sans illusions, au cœur transverbéré ; dans le nombre mettons Leopardi, Marc-Aurèle, et joignons à leurs noms celui d'Alfred de Vigny. D'autres, plus atteints sans doute, plus souffrants, renient toute idée généreuse, chassent toute chimère, et se réconfortent par le rire goguenard, évoluent vers le cynisme.

L'ennui nihiliste érigé en système est une œuvre de penseurs capables d'approfondir sans relâche leurs réflexions et leur désespoir. Mais il est à notre portée, il nous est familier à tous, intermittent et fragmentaire, lié à telles actions pour lesquelles nous n'avons aucun goût, découvert dans les sensations qui ne nous livrent plus que des cendres. Le sentiment du néant des choses fait la lassitude qui interrompt l'effort pour dire : A quoi bon? le haussement d'épaules du vainqueur qui dédaigne des acclamations fragiles ; la mélancolie de l'amant qui presse la mort de son amour ; la défiance du sceptique devant l'universelle vanité ; l'ironie secrète des pontifes, le sourire des augures, qui, tout en officiant, ont envie de « tout lâcher ».

Mettons au premier plan *l'ennui du sceptique*. — Être sceptique, c'est nier sinon l'existence des choses, du moins la valeur qu'on leur attribue. Il y a des sceptiques par tempérament, par tour d'esprit, par usure du corps et du cœur. Suivez le sceptique : il a les allures de l'homme qui s'ennuie.

Passons sur le désordre général de sa vie, s'il s'abandonne jusqu'à ne pas la diriger. Observons-le dans les faits particuliers. Quel que soit l'instant, en quelque lieu qu'il se trouve, le sceptique est le premier qui dénonce l'ennui inhérent à nos moindres mouvements, présent partout où les hommes sont assemblés : malaise disgracieux qu'on dissimule, il insiste pour qu'on l'avoue, il le définit pour qu'on l'aperçoive ; avec une jovialité diabolique, il tourne en dérision l'occupation du moment : il émet des doutes sur l'intérêt d'une séance qui se prolonge, sur la gaieté mourante d'une réunion ; il propose un changement, une diversion, le départ : son ricanement donne le signal de la déroute. Rien ne l'intéresse longtemps, rien ne le séduit ; il écoute, en les persiflant, vos discours, vos confidences ; il se distrait à aiguiser les mots à pointe déchirante qui feront blessure mortelle dans les bonheurs et les enthousiasmes, dont les naïfs ébats le choquent jusqu'à la souffrance. Ce railleur impitoyable s'ennuie dans les actes mêmes qui lui sont le plus personnels, dans l'amour, dans ses passions, dans ses éclats de rire, dans les conversations où il fait semblant de s'animer. Ce qui lui manque, c'est un sentiment dont il s'enivre, vérité ou illusion ; tandis que nous étreignons avec transport l'objet transfiguré auquel nous communiquons un peu de notre âme, notre ton vital est haussé et il se répand dans tout notre être une secrète ardeur.

Le sceptique se refuse à l'amour comme à la plus douloureuse des duperies[1] ; il prévoit l'ingratitude naturelle de ceux à qui il serait tenté de se dévouer ; il

1. Non pas la pire : car il y a l'illusion religieuse où, en fait de réalité, on ne touche rien de rien.

mesure le ridicule et le danger de toute exaltation passionnelle qui va à nous faire consentir des sacrifices que plus tard nous regretterons. Retranché dans son rire de monomane, il se tient sur ses gardes ! et c'est l'ennui qui remplit son âme.

Qui de nous n'est touché par le scepticisme ? Mais il ne nous envahit pas tout entiers. Nous défendons contre lui les biens qui nous sont indispensables, nous lui reprenons avec des inconséquences touchantes ce que nous avons de plus cher.

Notre rôle social tenu avec des distractions sans nombre est ce qui nous vaut les doutes les plus cruels. Se reconnaître acteur d'un métier absurde, comparse perdu de la comédie, parfois rouage à supprimer, voilà pour nous pénétrer de découragement et d'ennui.

A la vérité il est peu d'hommes qui n'en viennent à douter de l'utilité de leurs fonctions, ou qui n'en critiquent la fâcheuse ordonnance : l'ennui les atteint dans l'instant où ils s'éprouvent les pantins lassés d'une corvée lugubre ; c'est le professeur qui met en question la vertu de son propre enseignement ; le militaire qui se voit gesticulant dans le vide en vue d'une guerre toujours différée ; c'est le médecin gagné par l'incroyance thérapeutique, et qui pis est, soupçonnant que son temps est mal employé à réparer des incurables, des imbéciles, des fous, des scélérats ! c'est le journaliste obsédé par l'idée que son article vivant du jour sera feuille morte demain ; c'est le prêtre qui a trop semé dans le désert et ne compte plus sur la moisson; c'est le magistrat qui s'endort sur son siège. — En un mot sont frappés par l'ennui tous ceux qui découvrent l'inanité de leurs actes professionnels, tous ceux qui, dans leurs fonctions assommantes, ne parviennent pas à se tenir complètement éveillés.

Le détail de nos travaux au jour le jour parfois nous captive ; l'œuvre accomplie est emportée par le flot, se perd dans l'écoulement de tout. A sortir de sa peau, à se regarder du dehors, on ressent une impression de froid terrible. Le vent qui vient du fond des siècles nous fait grelotter. La pensée s'attriste qui va aux peuples ensevelis, aux générations qui ont vécu en vain. Comme tout de l'homme s'efface vite ! Les poètes qui cherchent des ivresse disent les roses qui s'effeuillent et nous communiquent le frisson de l'éphémère ; et les historiens qui, tantôt allongent, tantôt raccourcissent le nez de Cléopâtre, afin de nous faire comprendre l'écroulement des empires, proclament à leur manière que tout est vanité.

L'analyse psychologique qui nous révèle la fatalité, la banalité, le perpétuel recommencement et la pauvreté essentielle des actes humains, introduit dans notre âme un sentiment de néant et d'ennui. L'homme de sens rassis s'ennuie qui écoute des conversations de jeunes gens débordantes de naïveté, de prétentions extravagantes ; et le savant pour qui tout est mécanisme, déterminisme et théorème; et le psychologue prompt à classer les individus, à leur mettre une étiquette, et à qui il reste à subir les tics prévus, les rengaines de chacun. Savoir, prévoir, lever les masques, c'est se trouver en face de l'ennui.

L'analyse de notre propre esprit nous le dénonce comme la plus redoutable machine à rengaines dont il faille nous accommoder. S'il est des paroles que nous ayons mille fois entendues, ce sont les nôtres ; et est-il un homme que nous connaissions plus à fond et depuis plus longtemps que nous ? Que nos limites sont vite touchées ! que notre fonds est pauvre !

Accroître sa science, c'est accroître son ennui. La prescience universelle serait l'inexorable ennui. L'ennui immanent, autrement dit la *delectatio morosa* semble bien être la formule suprême de l'univers, le tempérament probable de l'Éternel.

Il est temps de conclure. L'ennui par sentiment du néant de la vie est le mal profond et envahissant des penseurs et des philosophes qui perçoivent et systématisent tout ce qu'il y a de vain et d'absurde dans le fait d'exister sans savoir pourquoi. Ce sentiment se retrouve chez tous les hommes, pour demeurer chez eux superficiel, emporté par l'insouciance, combattu par les « distractions ». L'intelligence l'extrait de nos illusions ruinées, de nos sensations réduites en poussière. Inséparable de la pensée qui le crée, tendant au désespoir comme à son terme extrême, l'ennui qui est la conséquence du nihilisme porte avec lui le goût de la mort.

DEUXIÈME PARTIE

CHAPITRE PREMIER

LA NATURE MORALE DE L'ENNUI

Les chapitres qui précèdent nous ont servi à définir les causes de l'ennui et nous l'avons décrit dans certaines de ses formes. C'est une partie de notre sujet. Nous sommes loin de l'avoir épuisé, si tant est que ce soit possible. Il nous reste à en révéler d'autres aspects. Auparavant il est bon d'exprimer quelques idées générales sur la nature de l'ennui, sur son caractère spécifique. On essaiera de ramener à ses éléments générateurs un état qui nous a intéressé jusqu'ici par son étonnante diversité.

L'ennui, nous l'avons dit et il a été aisé d'en faire la remarque, est une souffrance; telle est sa signature; ce trait suffit à le distinguer d'autres états avec lesquels il offre des ressemblances : le repos, par exemple, ou la mélancolie. On jouit du repos, qui est une douceur; de la paresse, qui est sensualité; pour ce qui est de la mélancolie, on sait qu'il y a un bonheur d'être triste; on ne jouit sûrement pas de l'ennui.

De quelle nature est cette souffrance? Il est évident que nous avons affaire à une souffrance morale, à un mal psychique, quelle que soit la part souvent considérable du physique dans sa formation. Le mot : Je m'ennuie! est un cri de l'âme, il trahit un malaise de la sensibilité; on le prononce sur un ton irrité; il semble à n'en pas douter l'expression d'une douleur réelle, et qui serait organique en sa source, plutôt qu'intellectuelle. Différente est la plainte infiniment nuancée du pessimiste qui condamne la vie au nom d'une idée et qui traduit parfois son mécontentement par de brillants discours.

Il existe une prédisposition à l'ennui, qui est inégalement répartie. Il est des gens qu'on peut dire réfractaires; d'autres sont victimes privilégiées.

En quoi consiste cette prédisposition? Il est difficile d'en donner la clef; toutefois on peut la définir par un déséquilibre intérieur. L'ennui est un mélange de force et de faiblesse, de désir et d'impuissance, d'excitation et d'épuisement. Mais voyez la complexité du problème : être bien portant, ne met pas à l'abri de l'ennui; et il est des infirmes, des malades condamnés à l'inaction désagréable, qui déclarent ne pas le connaître. Il reste donc que les concomitants physiques ne sont que l'occasion, et que l'on peut s'ennuyer et trouver la vie absurde avec le corps le plus sain et l'âme la plus saine.

L'ennui, qui se rattache à une idiosyncrasie de la personnalité, s'accuse de façon précoce : dès l'enfance ou la jeunesse[1]. « As-tu réfléchi, écrivait Flaubert jeune à son ami préféré, as-tu réfléchi combien nous sommes organisés pour le malheur? » Et ailleurs : « C'est étrange, comme je suis né avec peu de foi au bonheur. J'ai eu, tout jeune, un pressentiment complet de la vie. C'était comme une odeur de cuisine nauséabonde qui s'échappe par un soupirail. On n'a pas besoin d'en avoir mangé pour savoir qu'elle est à faire vomir!... »

Indépendamment des causes occasionnelles, qui lui donnent naissance, et qui varient avec les individus, l'ennui a ses raisons d'être dans la nature humaine et dans les conditions générales de notre destinée.

Nous sommes des êtres d'un jour, avides de savoir, de jouir, et que rien ne satisfait. « Encore que la vie fût exempte de tous les maux extraordinaires, sa durée seule nous serait à charge, si nous ne faisions simplement que vivre, sans qu'il s'y mêlât quelque chose qui trompe, pour ainsi dire, le temps, et en fasse couler plus doucement les moments. De là vient le mal que nous appelons l'ennui, qui seul suffirait pour nous rendre la vie insupportable[2]. »

Il n'est que d'être une âme bien née pour être exigeant envers la vie et souffrir de son insuffisance. « L'ennui est en quelque sorte le plus sublime des sentiments humains : n'être satisfait d'aucune chose ter-

1. On a noté l'expression sensible de l'ennui dans les portraits de Louis XV enfant.
2. Bossuet.

restre ni, pour ainsi dire, de la terre entière; considérer l'amplitude incommensurable de l'espace, le nombre merveilleux des mondes et leurs masses, et trouver que c'est peu de chose pour la capacité de notre âme; imaginer les mondes infinis, l'univers infini, et sentir que notre âme et nos désirs seraient encore plus grands qu'un tel univers; accuser sans cesse les choses d'insuffisance et de néant, souffrir de ce manque et de ce vide qu'on appelle l'ennui, voilà, je crois, le principal signe de grandeur et de noblesse que présente la nature humaine. Aussi l'ennui est-il rarement connu des hommes de peu de valeur et presque jamais des autres animaux[1]. »

L'ennui, qui est l'expression des aspirations élevées de notre nature, est ignoré des esprits vulgaires. « On a tort de dire que l'ennui est un mal commun. Ce qui est commun, c'est d'être inoccupé, ou, pour mieux dire, désœuvré, non d'être ennuyé. L'ennui n'appartient qu'à ceux en qui l'esprit est quelque chose. Plus l'esprit a de pouvoir en quelqu'un, plus l'ennui est fréquent, douloureux et terrible. La plupart des hommes trouvent une occupation suffisante en quoi que ce soit, et un plaisir suffisant dans n'importe quelle sotte occupation : quand ils sont inoccupés, ils n'en souffrent pas. De là vient que les hommes délicats sont si peu entendus au sujet de l'ennui et qu'ils provoquent l'étonnement et parfois les rires du vulgaire, quand ils en

1. Leopardi, *Œuvres morales*.

parlent et s'en plaignent avec les paroles graves qu'on emploie pour exprimer les maux les plus grands et les plus inévitables de la vie[1]. »

Le désir, qui est producteur d'ennui, a pour caractère d'être ardent, insatiable, et cette ardeur passionnée nous agite en vain et nous fatigue. Rien n'est plus douloureux que l'ennui propre à la jeunesse et s'exhalant des élans comprimés. Maupassant, le fils le plus brillant de la vie, s'écrie : « Ah ! j'ai tout convoité sans jouir de rien. Il m'aurait fallu la vitalité d'une race entière, l'intelligence diverse éparpillée sur tous les êtres, toutes les facultés, toutes les forces, et mille existences en réserve, car je porte en moi tous les appétits et toutes les curiosités, et je suis réduit à tout regarder sans rien saisir[2]. »

L'ennui s'atténue avec l'affaiblissement des désirs et la décrépitude de la personnalité : usure de l'âge et maladies chroniques. L'imagination nous a faussé compagnie, l'assoupissement nous gagne et la pointe des douleurs morales s'émousse. Mme du Deffand nous apprend : « Si je n'étais pas un peu malade, je crois que je m'ennuierais beaucoup ; mais la mauvaise santé tient lieu de compagnie[3]. » Et ailleurs : « Je m'accommode très fort de l'état de faiblesse ; elle engourdit l'âme. C'est un bien de n'avoir pas d'activité quand on n'a point occasion de l'exercer ; et encore un plus grand

1. Leopardi, *Œuvres morales.*
2. *Sur l'eau*, p. 112.
3. *Correspondance complète de Mme du Deffand*, publiée par le marquis de Saint-Aulaire ; Paris, Calmann Lévy, 1867. — Lettre de 1774.

bien d'avoir peu de sensibilité, quand elle ne sert qu'à faire souffrir. Il me semble que je me trouverais fort bien d'être orme ou chêne... car pour l'ennui, je ne crois pas qu'ils le ressentent[1]. » — Flaubert, grand connaisseur en la matière, dit à son tour : « On a des moments de vide et d'horrible ennui. Mais ils deviennent de plus en plus rares à mesure qu'on vieillit[2]. »

Quelle place tient l'ennui dans notre existence? Étant un fait de découragement, il occupe toutes les heures qui n'appartiennent pas à la lutte énergique ou à la jouissance intense. Ainsi l'a vu Schopenhauer : « L'ennui est toujours aux aguets pour occuper le moindre vide laissé par le souci... Le besoin et la souffrance ne nous accordent pas plutôt un répit que l'ennui arrive... Ce qui fait l'occupation de tout être vivant, ce qui le tient en mouvement, c'est le désir de vivre. Eh bien, cette existence, une fois assurée, nous ne savons qu'en faire, ni à quoi l'employer! Alors intervient le second ressort qui nous met en mouvement, le désir de nous délivrer du fardeau de l'existence, de le rendre insensible, de « tuer le temps », ce qui veut dire de fuir l'ennui. Aussi voyons-nous la plupart des gens à l'abri du besoin et des soucis, une fois débarrassés de tous les fardeaux, finir par être à charge à eux-mêmes, se dire, à chaque heure qui passe : autant de gagné! à chaque heure

1. Lettre à la duchesse de Choiseul, 1771.
2. *Correspondance*, t. III, p. 383.

c'est-à-dire à chaque réduction de cette vie qu'ils tenaient tant à prolonger[1]. »

Leopardi s'est exercé à préciser la nature de l'ennui. « *Le Génie*. — Qu'est-ce que l'ennui ? — *Tasse*. — Ici je puis te répondre, l'expérience ne me manque pas. Il me semble que l'ennui est de la nature de l'air qui remplit tous les intervalles des choses matérielles et tous les vides de ces choses. Un corps s'éloigne-t-il ? il un autre corps ne le remplace pas, l'air arrive aussitôt. De même tous les intervalles de la vie humaine, entre les plaisirs et les douleurs, sont occupés par l'ennui. Dans le monde matériel, selon les Péripatéticiens, il n'y a point de vide : ainsi dans notre vie, sauf quand l'âme, pour une cause quelconque, interrompt l'usage de la pensée. Tout le reste du temps, l'âme même, considérée en elle-même et comme séparée du corps, se trouve contenir quelque passion ; si elle est vide de toute joie et de toute peine, il faut qu'elle soit pleine d'ennui, et l'ennui est encore une passion tout comme la douleur et le plaisir.

Le Génie. — Et comme vos plaisirs sont comme des toiles d'araignées, minces, rares et transparents, l'ennui les pénètre de toutes parts et les remplit, comme l'air entre dans ces toiles. En vérité, je crois que par ennui on doit entendre tout simplement le désir de la félicité que le plaisir ne satisfait pas et que la douleur ne rebute pas tout à fait. Ce désir, disions-nous, n'est jamais satis-

1. *Le Monde comme volonté et représentation*, traduction Burdeau, t. Ier, p. 327 ; Paris, F. Alcan.

fait, et le plaisir proprement dit ne se rencontre pas. La vie humaine n'est qu'un tissu de douleur et d'ennui : on ne se repose de l'une de ces souffrances qu'en tombant dans l'autre[1]. »

L'ennui n'est pas fondamental et premier : son intervention au cours de l'existence est secondaire, subordonnée aux obstacles que rencontre notre activité. Cette question a été discutée dans la page intéressante qu'on va lire[2]. « Schopenhauer semble regarder l'ennui comme aussi fondamental que le désir. Aussitôt que le désir du moment est satisfait et qu'il n'y a aucune perspective qui se présente à la volition, nous tombons dans l'ennui. La vie que nous avons voulu posséder devient ainsi, au moment où nous l'acquérons, un fardeau. L'ennui est donc l'autre pôle désolé et triste de l'existence qui fait face à celui du désir qui nous tourmente. »

« Cette conception de l'ennui comme fait fondamental me semble complètement contraire à l'expérience. Les animaux inférieurs ne semblent pas éprouver d'ennui. La cessation du désir chez eux est suivie d'un état de calme qui, par une certaine fiction de l'imagination, peut être nommé contentement. L'ennui commence aussitôt que l'imagination et que le pouvoir de concevoir des activités qui procurent le plaisir sont suffisamment développées. Ainsi, un chien, qui, après avoir été enfermé

1. « Dialogue de Tasse et son génie familier ». *Œuvres morales*.
2. James Sully, *Le Pessimisme*, trad. Alexis Bertrand et Paul Gérard, p. 222-223 ; Paris, F. Alcan, 1882.

quelque temps, soupire en s'étendant devant le feu dédaigné de la cuisine, peut raisonnablement être supposé ressentir de l'ennui justement parce qu'il ressent un vague désir d'exercer son activité à l'extérieur. Dans notre cas, l'ennui se relie clairement à notre aspiration pour des activités qui sont obscurément définies dans l'imagination. L'enfant est effecté d'ennui, alors qu'il s'imagine indistinctement quelque occupation agréable sans l'apercevoir comme une possibilité présente. L'homme qui mène une vie oisive devient la proie de l'ennui quand il se peint vaguement à lui-même une existence plus active sans faire de ce désir un dessein bien défini. »

« L'ennui a donc pour condition nécessaire un désir naissant et une représentation indistincte de plaisir. A la vérité, on peut dire que c'est la punition qui nous est infligée pour n'avoir pas accompli quelque fonction normale ou l'avertissement qui nous est donné par l'impulsion naturelle d'un organe à décharger le trop-plein de son énergie. D'où il suit que, loin de le regarder comme primaire et l'activité qu'il est destiné à aider comme secondaire, il serait beaucoup plus exact de considérer l'activité comme condition primaire et l'ennui comme secondaire et dépendant. Bref, l'activité suit sa propre impulsion (soit un instinct aveugle ou un désir conscient), et l'ennui est simplement un cas accidentel de son développement. »

L'ennui a ses sujets prédisposés frappés à merci : mais

tous, plus ou moins, lui payons tribut. Il pénètre en nous, à la faveur de nos imperfections mentales, — dont la pire pourrait être le défaut d'adaptation, — et si l'effort de chacun vise à acquérir ce qui lui manque, on peut dire que c'est le mal de l'ennui, urgent à surmonter, qui nous suggère un programme amusant ou un itinéraire menant aux voies périlleuses. Qu'on recherche la passion, l'amour, les triomphes de l'ambition ou de la vanité, la richesse, la maîtrise intellectuelle, les joies de l'action, si le succès couronne nos efforts, il nous aura conduit à notre épanouissement, et l'ennui de vivre sera considérablement atténué. Celui qui, dans l'âge mûr, réalise la pensée de sa jeunesse, qui se réjouit dans son œuvre accomplie porte en lui désormais une satisfaction intime et un principe d'orgueil qui vont à faire reculer l'ennui.

L'ennui a des origines à la fois organiques et intellectuelles. De quelque façon qu'il se constitue, c'est l'esprit qui souffre et qui est juge. Nous avons insisté sur l'importance des états d'épuisement et de déchéance dans sa formation; mais, nous souvenant de sa nature psychique, il n'y a pas lieu de décrire une physiologie de l'ennui.

D'autre part l'ennui, comme la douleur morale et toutes les passions, peut amener à sa suite de véritables désordres corporels qui se résument dans la dépression de la vitalité. Nous avons signalé ces concomitants psycho-physiologiques de l'ennui dans notre Introduction.

L'ennui n'existe pas seulement pour la pensée qui en prend conscience : il est souvent inconscient et demeure non défini. On s'ennuie sans le savoir ; on obéit à l'ennui, sans se douter d'où vient l'impulsion; on souffre par l'ennui, sans connaître le nom de son mal. Les causes qui lui donnent naissance ne sont-elles pas perpétuellement présentes en nous ? Mécontentement de notre sort, impuissance de nos facultés, fatigue, etc.

On s'efforcera de le dépister, afin de le dominer, et de n'être point sa dupe, alors que, laissé à lui-même, il a pour conséquence fréquente de nous engager dans les voies de l'absurde, de l'erreur ou de la folie[1].

Comment prend-on conscience de l'ennui quand on le porte en soi ? Cette question est subtile, non point oiseuse.

L'ennui a ses révélations directes, alors qu'il est un cri de douleur ou une crise; ou bien sa présence demeure latente, seulement soupçonnée, et nous en prenons conscience accidentellement à la suite de ces ébranlements de l'esprit qui nous permettent d'apercevoir, éclairé par une lumière subite, notre état intérieur : ce peut être une conversation, un voyage, une lecture, une passion commençante. Que de fois nous attendons les occasions et la distance pour nous juger !

Certains, qui ont l'habitude de l'ennui, se rendent un compte exact de ses mouvements dans leur personne;

1. « En général, tout le monde joue le bonheur : nous connaissons quelqu'un qui assure de bonne foi qu'il ne s'ennuie jamais : sa conduite prouve le contraire. » Stendhal, *Lettres intimes*, p. 195; Paris, 1892.

ils suivent de près ses démarches, ils prévoient ses exaspérations, savent l'instant précis où il se déclare, celui où il s'est retiré. Ils vivent dans sa familiarité et sous sa terreur[1].

Nous allons maintenant séparer l'ennui de ces états similaires : la mélancolie, la tristesse.

La mélancolie — l'acception médicale du mot étant laissée de côté — est une langueur de l'âme ; elle n'est pas au même degré que l'ennui, une souffrance criante. On ne trouve point à son origine l'épuisement déclaré, la stérilité mentale, les états asthéniques. Elle trahit ses conditions organiques, mais elle est surtout un état de l'imagination et de la sensibilité. La mélancolie appartient à ceux qui se reconnaissent fragiles, et que la rudesse de leur tâche effraie. Entretenue et caressée elle a ses rêves, ses élans, sa douceur voluptueuse, son monde enchanté ; elle inspire les poètes ; elle se repaît avec délices des douleurs qui l'ont blessée[2].

La tristesse comme l'ennui est un sentiment désolé ; mais elle a d'ordinaire un objet précis : on n'est pas triste longtemps sans motif ; ou bien nous avons dans

1. Les démarches de l'ennui peuvent se mesurer à une minute près ; on a dit de Napoléon III : « Tout lui pèse. Il se lève ennuyé ; il passe sa journée ennuyé, il se couche ennuyé. Je crois qu'il s'amuse pendant qu'il prépare ses fêtes, et pendant deux minutes encore après que la fête a commencé et qu'on a annoncé « l'Empereur ! » mais deux minutes après, l'ennui est revenu. » *Revue de Paris*, 1er juillet 1897. *Madame Cornu et Napoléon III.*

2. La Fontaine nous dit :

Il n'est rien
Qui ne me soit souverain bien
Jusqu'aux sombres plaisirs d'un cœur mélancolique.

notre cœur nos raisons de pleurer. La tristesse aime les larmes, elle en savoure l'amère volupté ; il est des souffrances qu'elle cultive et qui sont aimées. Elle implique une activité de l'esprit, de vifs jaillissements d'émotion. Différent est l'ennui qui est sécheresse, lourdeur de l'âme, fureur aux dangereuses inspirations [1].

1. Leopardi s'adressant à Dante distingue l'ennui de la douleur morale : « Et pourtant il pèse et mord moins cruellement le mal qui blesse avec douleur, que l'ennui qui étouffe. O bienheureux toi dont les pleurs furent la vie! Pour nous, l'ennui nous a serrés dans ses nœuds; pour nous, près du berceau comme sur la tombe, s'assied immobile le néant. » (*A Angelo Maï*.)

Le fond de l'ennui c'est la mauvaise humeur, qui ne s'accommode ni de la poésie ni de la musique.

CHAPITRE II

L'ENNUI AUX DIFFÉRENTS AGES DE LA VIE

L'ennui revêt des formes diverses au cours de la vie. Ces formes sont-elles assez tranchées, leur physionomie est-elle assez riche en nuances pour qu'il y ait à leur consacrer une description spéciale? Nous le croyons.

Les périodes successives de notre existence, qui nous font des visages fort différents, sont aisément séparables; elles se distinguent jusqu'à s'opposer, et il arrive que le *moi* d'aujourd'hui tourne le dos à celui d'hier; nous jouons tour à tour plusieurs personnages qui sont costumés chacun à leur guise, et, à nous rappeler nos changements de peau, la file de nos figures laissées en route, nous soupçonnons dans le fond même de notre vie un singulier besoin de transformation et de métamorphose : c'est l'ennui inhérent à la vie même qui tend à se fuir par cette évolution sans fin.

Au surplus, la psychologie des âges de la vie entreprise sous l'un quelconque de ses aspects, est d'un intérêt permanent. Notre âge est notre grande affaire et le sujet sur lequel nous sommes le plus attentifs. Le monde existe pour nous en raison du parti que nous en pouvons tirer, et c'est le chiffre de nos années qui précise notre action et la détermine. Il est donc intéressant de rechercher quels sont les rapports qu'entretient chaque période de notre vie avec le fait de l'ennui.

Commençons par l'ennui chez l'enfant pris à sa naissance.

I

Que le nourrisson soit en proie à un ennui qu'il faut combattre, apaiser sans cesse, et qui renaîtra aussitôt, indéfiniment, c'est là une observation courante que les mères et les nourrices formulent à l'envi, prenant à témoin tout venant. Que voit-on en effet ? L'enfant exige qu'on se tienne à son service, qu'on l'amuse continuellement; il faut occuper ses yeux, son esprit, remuer son corps, le promener, le distraire; on le divertit par des sons de voix, des mimiques, des grimaces, où les gens les plus graves s'appliquent, et revêtent complaisamment des apparences de pantins et de bouffons. Eh quoi! de quoi s'agit-il? D'une chose très importante : d'intéresser un enfant, de le consoler, alors que l'ennui lui arrache des cris, des plaintes; abandonné à lui-même il tend les bras dans le vide, il appelle au secours, épouvanté de sa solitude et de son néant. Tête vide, table rase, il a grand besoin que la vie entre en lui à flots et le remplisse; ah ! que ses conquêtes sont lentes! que ses sensations incertaines sont vite effacées ! aussi il s'ennuie terriblement. — Cet ennui trouve son apaisement dans les repas répétés, les ivresses de lait, les longs sommeils, mais quand Bébé rouvre les yeux, tout est à recommencer. Et voilà que de jour en jour le téméraire exigera davantage ; il fait effort pour s'évader de ses langes, rompre ses lisières, sauter hors de son berceau, mettre le pied sur la terre inconnue et tentatrice ; il veut vivre ! la vie touffue et neuve lui est un pays de cocagne où il aura de quoi distraire son ennui.

Bébé grandit, il est l'enfant pour qui le monde est une féerie et une fête. Que lui demandons-nous? D'être heureux, de nous donner le spectacle de son bonheur qui nous attache à ses pas et nous retient émus devant ses ébats enivrés. Sa journée n'est qu'une cascade de jeux, un intarissable éclat de rire. Eh bien, à tout instant, cet enfant frôle l'ennui et s'y blesse, lui doit des mouvements irrités, de singuliers caprices. Reconnaissons dans son impulsivité joyeuse, une énergie jaillissante; mais n'y a-t-il pas un excès d'agitation dans cette turbulence effrénée? Comme ses joies sont fuyantes et de nature impalpable ! L'enfant fait appel sans relâche à la nouveauté ; il n'a de goût que pour l'imprévu ; on dit que le présent le comble tout entier, qu'il se noie avec délices dans ses sensations faites à sa mesure ; et pourtant, sur un mot trompeur il quittera son plaisir du moment ; il se suspend à l'habit de ceux qui partent ; ses yeux se tournent vers une porte qui s'ouvre ; toujours avide d'autre chose, il refera ailleurs son paradis. C'est que rien ne pénètre profondément dans son âme courte. Ses jouets ne le distraient pas longtemps ; il les brise avec curiosité et colère ; il varie à l'infini le thème de ses jeux, et quand son imagination est à bout de ressources, il introduit dans la récréation languissante, les rixes, des batailles avec ses compagnons. Cet âge n'est pas facile à contenter : il lui faut une somme exorbitante d'émotions et de secousses.

L'ennui, c'est la nécessité d'un coup de fouet, le besoin de toucher une sensation. L'enfant demande à manger sans faim, et, plus tard, homme, il boira sans soif ; il dévalise les placards remplis ; il est le client attitré des pâtisseries ; il est un pillard effronté des jardins et des propriétés au temps des fruits qui mûrissent. Il est gourmand, il soupire après les plats sucrés, parce qu'il trouve à la vie un goût fade ; il réclame des tartines où il y ait plus de confiture que de pain...

Il connaît aussi l'ennui mental, les premières tristesses du cœur, s'il n'a pas sa ration de flatteries, de caresses et de baisers.

Le divertissement préféré des enfants c'est le voyage.

Leur esprit incohérent, aux ficelles pendantes de polichinelle désarticulé, danse frénétiquement dans la ronde des impressions rapides et des images brouillées; à courir le long des routes l'ennui léger de cet âge, frisson à fleur d'épiderme, rencontre des excitations qui le restaurent.

II

L'ennui de l'adolescence a les traits imprécis de ces années indéfinissables où l'être façonne au petit bonheur ses formes et ses premiers rêves.

L'adolescent est sur le seuil de la vie, il la pressent; il la devine; elle sera demain son royaume où il est sûr de régner ; il attend, il s'interroge ; qu'il fasse de cette attente un rêve charmant. L'ennui commence à l'impatience; n'est-ce pas l'âge ingrat et gauche où les audaces sont des maladresses, où les paroles et les gestes manquent de musique et de beauté? Qu'il attende ! *Demain* sera sa baguette magique ; la nature sera son coup de théâtre.

Mais il y a autre chose dans l'adolescent qu'une âme aérienne qui rêve et se laisse bercer : son sort ordinaire est d'être un collégien. Le collège ! Il n'est guère de lieu où l'ennui n'élise domicile sous des formes plus revêches et plus laides. Le collège est prison, promiscuité nauséabonde. Jamais l'homme plus tard, quelle que soit sa malchance dans la vie hostile, n'aura cette figure renfrognée, craintive et boudeuse, qu'on voit à l'écolier sur les bancs de sa classe. Souffre-t-il davantage de la privation de liberté ou des servitudes imposées à son esprit? Chaque tempérament se choisit sa torture, et ici les deux supplices s'associent et se confondent. Dans la suite, se retournant vers le passé, le temps des vacances apparaîtra au collégien comme un coin de paradis perdu, le seul temps où il ait vécu, et vivre n'enferme alors que de la joie, une adorable folie.

Son cerveau est aux travaux forcés; il est tenu d'y introduire quantité d'excroissances parasites; de récapituler l'histoire des siècles, de s'assimiler des littératures et des vies de grands hommes à n'en plus finir. Et lui, et lui, quand sera-ce son tour de vivre? Le passé est mort, et dans le présent rien n'existe que sa personne naissante qui suffirait à remplir la terre.

L'ennui du collégien prend parfois les formes les plus malencontreuses et les plus pitoyables : haine des maîtres, brimades entre condisciples, paresse indécrottable, goûts inavouables, révoltes. Le pauvre diable cuit dans son ennui et s'y retourne avec des façons si navrantes qu'on hésite à sévir durement contre lui. Certes, nous ne disons pas que c'est là le temps le plus triste et le plus douloureux de la vie, — car la sensibilité est peu éveillée, chez la plupart, — mais assurément ce sont les années les plus grises et les plus maussades.

III

L'ennui de la jeunesse aux contours flottants est malaisé à décrire.

Le jeune homme est un être mal harmonisé, et il en souffre; il est doué de forces physiques exubérantes tandis que l'esprit directeur est imparfaitement développé; il est plein de désirs qui l'entraînent par tous chemins où il s'égare, et, à travers ses incertitudes et ses erreurs, il est tenu d'enfanter péniblement sa personnalité. Son ennui tient à la situation fâcheuse que la société lui fait, et surtout à son imagination qui ne saurait se soustraire aux conditions qui la déterminent.

La jeunesse a l'appétit de la vie, un appétit formidable, qui s'emballe jusqu'à vouloir le tout, l'absolu. Le jeune homme ne jouit de rien, parce qu'il désire tout : il déprécie la réalité au nom d'un idéal impossible, et ses désirs prennent le mors aux dents pour l'emporter dans l'infini.

L'amour est encore sa meilleure affaire : tout l'y invite et la nature le veut. Il en tire peu de parti, faute de savoir aimer; il connaît le plaisir, mais il triomphe à peine; il n'embrasse point le monde des femmes dans sa diversité. N'importe, il fait de l'amour son délire, la torture de son imagination et de toutes ses heures; il se représente le bonheur sous cette espèce unique, et, se donnant à cette chasse fantastique, il ne saurait goûter l'intérêt des objets rapprochés. L'âge suivant le dégrisera de cette idée fixe, si fatigante en somme, et le réconciliera avec la réalité totale : délivré des tourments invraisemblables qu'il s'administrait, il croira être délivré de l'ennui.

C'est qu'aussi bien le jeune homme demande à l'amour, dont il exagère la valeur, un apprentissage de sa personne; il fait à cette école l'essai de ses façons propres et de sa virilité[1]. Il est un être inachevé; sa volonté est débile, son moi inconsistant échappe à ses prises; il est en quête de sympathies qui le soutiennent; il est impatient de ses premiers succès qui le rendront fier.

L'indétermination de sa personnalité est l'énigme qui tout d'abord l'irrite et l'affole; regardez : on dirait un aveugle aux bras implorateurs. Il demande à tous ce qu'il vient faire en ce monde, par quelles routes il doit cheminer; il frappe à toutes les portes; il lance de tous côtés des lettres d'une prolixité redoutable, où vagit son âme non débrouillée. Que veut-il? Se connaître, et aussi, sur toutes choses, savoir la vérité vraie. Mais

1. Voir la peinture charmante de l'âme du jeune homme au début de *Mademoiselle de Maupin* : « Ce n'est pas la femme que je veux, c'est une femme, une maîtresse; je la veux, je l'aurai, et d'ici à peu; si je ne réussissais pas, je t'avoue que je ne me relèverais pas de là, et que j'en garderais devant moi-même une timidité intérieure, un découragement sourd qui influerait gravement sur le reste de ma vie. Je me croirais manqué sous certains rapports, inharmonique ou dépareillé, contrefait d'esprit ou de cœur; car enfin ce que je demande est juste, et la nature le doit à tout homme. Tant que je ne serai pas parvenu à mon but, je ne me regarderai moi-même que comme un enfant, et je n'aurai pas en moi la confiance que j'y dois avoir. » Théophile Gautier.

que cette incertitude est douloureuse! cette marche trébuchante dans les ténèbres est le cauchemar de l'ennui[1].

L'ennui du jeune homme naît de sa recherche éperdue du bonheur ramenée parfois à des sommations impérieuses adressées à une bouteille de champagne ou à un bock. Le bonheur est la satisfaction d'un moment qui suit la victoire d'un jour; ou encore l'acceptation résignée de notre vie journalière dûment aménagée; ou l'apaisement repu de l'âge, le pli de notre sourire rassasié. Le jeune homme ne le comprend pas ainsi : il lui faut l'extraordinaire; des joies en rapport avec l'énergie de sa force physique et l'intensité de ses désirs. Il prodigue ses pas errants, il risque des élans qui sont suivis de profondes chutes. Il y a de l'angoisse dans cette exploration passionnée de la vie, dans cette aspiration universelle, ces questions posées à tout venant, ces éclats hystériques; telle heure est décisive où nous avons joui ou souffert et fixe notre humeur pour des années; le jeune homme a peur de toutes ses expériences; il a tout à découvrir, et n'y voyant clair ni en lui ni au dehors, il agit sous l'impulsion de l'ennui[2].

Cependant il met la main à la pratique de la vie; il a

1. « La jeunesse diffère de l'âge mûr, mentalement, en ce que, dans l'esprit jeune, la proportion des problèmes l'emporte sur celle des solutions, tandis que l'esprit rassis est plein de solutions et presque vide de problèmes. » Tarde, *La Logique sociale*, 2e édition, p. 8; Paris, F. Alcan.

2. « Ce qui trouble, ce qui rend malheureuses les années de jeunesse, c'est la chasse au bonheur, entreprise dans la ferme supposition

un métier ; il entre en relations serrées avec les hommes. Inévitablement la réalité le blesse. Il est tout enveloppé de rêves présomptueux, et pris dans l'engrenage d'une occupation machinale, adoptant un mode de vivre imposé par l'ordre social, il envisage avec désolation l'insignifiance du poste où il se tient et se convainc de la niaiserie de son rôle. Son sort de débutant lui assigne les tâches de rebut ; il est candidat empressé aux besognes humiliantes; les adultes avisés qui ont l'avance détiennent avec des airs béats les postes de choix ; lui, nouveau venu, se glisse par les portes basses, accepte les prix au rabais, reçoit en s'inclinant les rebuffades. — D'ailleurs, en tout état de cause, ses débuts sont difficultueux, et il n'y voit pas suffisamment clair dans ce qu'il fait ; il n'est point délectable à lui-même ; il multiplie les pas de clerc et les fautes d'écolier. Dès lors il se mêle de l'ennui, ou autrement dit de la souffrance, à ses paroles bégayées, à ses actes tâtonnants, à ses plaisirs stupidement bruyants qui sont la réaction de son état insupportable.

L'ennui dans la jeunesse prend la forme fréquente du découragement. A vrai dire le découragement n'a pas de raison d'être en ces années de force neuve où

qu'on peut le rencontrer dans l'existence. C'est là la source de l'espérance toujours déçue, qui engendre à son tour le mécontentement... Aussi sommes-nous pendant la jeunesse presque toujours mécontents de notre état et de notre entourage, quels qu'ils soient, car c'est à eux que nous attribuons ce qui revient partout à l'inanité et à la misère de la vie humaine, avec lesquelles nous faisons connaissance pour la première fois en ce moment, après nous être attendus à bien autre chose. » (Schopenhauer, *Aphorismes sur la sagesse dans la vie*, p. 272.)

l'on est capable du meilleur et du pire, et de tout réparer. Nous dirons qu'il procède de l'imagination qui s'effraie, et du juste sentiment des difficultés que nous aurons à vaincre avant d'arriver au bonheur. Lisez les mémoires des hommes devenus illustres : en dépit de l'élan qui les soulève et qui va les porter aux sommets, c'est dans leur jeunesse qu'ils se montrent le plus abattus[1]. — Plus tard notre parti est pris : nous avons dit *amen* au destin ; grave ment, dans notre coin, nous rongeons notre os.

Ce découragement se marque parfois de ce trait singulier : le jeune homme se persuade que sa mort est prochaine ; il ne se sent littéralement pas le courage de vivre ; un mal de langueur l'envahit ; il songe au cloître ; il tourne autour du suicide ; c'est l'ennui qui le tient ensorcelé, lui soufflant des sottises.

L'ennui dans la jeunesse est le travail de l'imagination qui se tourmente ; il est appelé à subir de curieuses transformations. Le jeune homme sent qu'il est un être sans figure personnelle, dédaigné d'une société qui l'ignore ; il ne connaîtra la douceur de vivre qu'après avoir conquis son originalité. Eh bien, il jure qu'il sera grand, glorieux, que son nom sonnera à tous les clairons de la renommée. Oui, il ne lui faut pas moins que la gloire escomptée, à brève échéance, pour le consoler de l'ennui de ses vingt ans.

1. « Non, je ne regrette rien de ma jeunesse ! s'écrie Flaubert, je m'ennuyais atrocement ! Je rêvais le suicide ! Je me dévorais de toutes espèces de mélancolies possibles... »

pour qu'il consente à vivre la vie telle qu'il la devine, assurément odieuse sans la transfiguration qui lui viendra de notre succès. Il prend en pitié la foule sans nom, grouillant par toute la terre, appliquée à des travaux de fourmis et de taupes. Comment avoir la force d'exister si l'on n'est pas un être d'exception, à qui tout empire est reconnu, aux mains de qui toutes les joies arrivent! C'est entendu, il aura la gloire! et il prononce tout bas sa devise orgueilleuse, les mots sacrés de sa gageure : *Aut Cesar aut nihil.*

Cette aspiration sourde ou avouée à la notoriété lui dicte son admiration fanatique pour les hommes célèbres; il leur voue un culte superstitieux; mais tandis qu'il prépare l'œuvre qui l'illustrera, ou qu'il médite le scandale, le saut périlleux, l'attaque d'épilepsie, destinés à ameuter les passants, les années marchent et elles vont vite; la jeunesse est un délire que le temps guérit, et l'homme mûrissant qui s'adapte chaque jour au train ordinaire du monde s'aperçoit qu'on peut être heureux à passer inconnu et sans l'investiture de la gloire.

A défaut d'ambitions intellectuelles, le jeune homme s'impose la conquête de l'argent, il vise le gros lot; surtout il lui faut des illusions, une étoile; il mêle des chimères à sa vie qui le conduisent à la bataille; de même l'imagination des poètes de l'antiquité faisait descendre les dieux dans les rangs des combattants.

Mais l'ennui n'a pas toujours le temps d'attendre, et heureux ceux qui l'apaisent en lui donnant des rêves d'avenir à dévorer. Las de n'être rien et de vouloir tout, le jeune homme en arrive au découragement couché par terre, au dégoût léthargique qui demande un cordial immédiat; il s'adresse alors aux jouissances faciles, auxquels on accède sans délai et sans apprentissage. Il a des doutes cruels sur la réussite finale de ses ambitions; que, du moins, ses moments de plaisir aient l'air d'être des victoires et soient réussis! Regardez-le s'amuser et vous surprendrez l'aiguillon de l'ennui dans ses ébats débridés : c'est à tout propos un *crescendo* brutal, une outrance suspecte, une frénésie désespérée. Le jeune homme s'amuse en fou, qui joue à se détruire, en lourdaud aussi qui passe à côté des finesses et des nuances; s'il croyait à l'avenir, il aurait souci de ce corps qu'il malmène et qui portera le poids des années futures; mais il n'y croit pas; il ne voit pas à deux pas devant lui; il ne voit, il ne sent que l'heure présente, si laide, si étouffante, qu'il en perd la tête, et ses divertissements tapageurs trahissant la peur de la vie, sont une façon de s'étourdir.

Parmi les plaisirs à secousses violentes, disons qu'il goûte particulièrement le délire de l'alcool. Il boit, il allume un punch dans son cerveau et il semble que ses facultés se décuplent; les fumées de l'ivresse se marient à ses rêves; pendant un moment l'alcool condensateur de l'énergie vitale et producteur de fantasmagories, vient au secours de son indigence, le relève de sa [illegible]allité; ce pauvre d'esprit est transformé en riche imaginaire; pour une heure il lui est fait don d'une force illusoire; ses pensées et ses gestes ont des hardiesses imprévues; en lui s'esquisse, passager et croulant, un état psychique, fait de supériorité et d'aisance, qui sera plus tard le sien, fixé et organisé, le don de l'âge, la fleur éclatante de sa maturité.

Résumons : le jeune homme s'ennuie parce qu'il convoite l'absolu, tandis qu'il se heurte à un monde fermé et hostile; il est l'apprenti maladroit de la vie décevante; relégué dans les emplois inférieurs, il est tenu en laisse par sa famille, dominé par ses maîtres, cerné par ses devanciers; souvent sans argent, toujours sans prestige, il se morfond dans l'attente d'un miracle, de sa destinée glorieuse qui tarde bien à venir; le rêve sera son refuge, et la déclamation passionnée; selon la mode du temps et au choix de son tempérament il sera Hamlet, Werther, René, Obermann, héros de l'ennui qui portent la marque de la jeunesse; ou bien il va aux excès sensuels où il s'étourdit; il aspire à grandir, à parvenir à cet âge adulte qui, espère-t-il, lui conférera la pleine possesion de son être et une puissance effective.

IV

L'ennui de l'âge mûr n'est plus un acte de l'imagination qui, dans son ensemble, a décru; il résulte de la vue claire de la réalité pratique et de la décadence de notre corps miné par le temps.

L'adulte est monté en grade ; il a conquis son rang social, sa part de puissance ; a-t-il mis la main sur tous les biens qu'il avait visés? Non, sans doute, et ses déceptions font plus que balancer ses triomphes. Mais il s'est arrangé à l'amiable avec le destin, il le tient quitte de ce qu'il n'a pas reçu et marque son contentement de ce qui lui est acquis. Cet homme est-il heureux ? Il ne dit pas cela; il se déclare satisfait parce qu'il conclut à la modération qui abdique, à la sagesse qui n'en demande pas plus ; il rend grâce au sort qui ne l'a pas maltraité davantage ; sa satisfaction équivaut à l'acceptation résignée d'un grand malheur; et dans les jouissances où il s'est établi, dans les domaines fastueux où il règne, il porte un sentiment fixe de lassitude et d'indifférence qui est proche parent de l'ennui[1].

Toutes choses se sont changées pour lui en *réalité*.

La jeunesse à vision éblouie et confuse mêlait le réel et l'imaginaire, le possible et l'impossible. L'âge mûr sépare nettement ces deux mondes ; tout se tasse sous son regard, tout se définit lourdement ; le rêve est retranché de notre vie mentale assagie ; plus de vagabondages ; notre escorte de chimères a fondu ; notre esprit

1. « Quand j'ai revu, au bout de quelques années, une personne que j'avais connue jeune, il m'a toujours semblé voir quelqu'un qui avait éprouvé quelque grand malheur. L'air de joie et de confiance n'appartient qu'au premier âge ; et le sentiment de ce qu'on perd et des incommodités physiques qui s'accroissent de jour en jour donne aux plus frivoles, aux plus gais et même aux plus heureux un visage et une attitude qu'on appelle graves et qu'on devrait plutôt appeler tristes, si l'on songe à l'aspect de la jeunesse et de l'enfance. » (Leopardi.)

sommé de tout dire nous a dévoilé ses limites; nous ne tenons pour existants que les seuls objets à notre portée, et sous la prise directe de notre activité. Quelle perte que celle de nos songes! en être réduit à ce qu'on a; jouir, sans roman ni folie, avec une précision sèche de spécialiste et de désabusé!

Nous savons au juste ce que valent nos titres, les honneurs dont nous sommes accablés; des biens qui sont nôtres, nous n'attendons ni émotions ni surprises; l'habitude en amortit la douceur et l'analyse en réduit chaque jour le contenu, en accuse les contours jadis agréablement indécis. La réalité, c'est notre jardin d'un arpent, et non pas la forêt de Fontainebleau; c'est notre femme, et non pas toutes les femmes; c'est la ville que nous habitons, et non l'univers; c'est notre champ cadastré que mesurent nos pas d'automate. Toutes choses sont tirées de leur brume, se découpent à arêtes dures; et l'adulte, qui juge tout et qui se juge, fonde son ennui sur sa vision analytique du monde, sur un réalisme systématique, tranchant et dur.

Cet ennui dépressif et morne a des causes plus particulièrement physiologiques, à savoir l'induration de nos sens, l'ankylose de l'esprit, et d'un mot la dégradation progressive de notre vitalité. Moins de sensations sont enregistrées; notre curiosité a fléchi; par paresse, par indifférence, nous nous communiquons aux autres difficilement; le cerveau se repose dans des somnolences. Jadis la vie entrait en nous par tant de portes et avec un beau tapage ; notre système nerveux sonnait des carillons étourdissants. Aujourd'hui tout s'éteint, le gris gagne ; quel vide, au dehors, et en nous, quel silence ! la dorure des objets s'en est allée ; nos pensées qui étaient une prairie vivante se fanent, les fleurs d'autrefois se rangent dans l'herbier; nous ne savons plus respirer les roses; nous demandons grâce à l'amour...

L'intelligence qui s'alourdit ne fait plus de conquêtes ; on ne lit plus, on relit ; c'est le temps des rabâchages ; on se répète, on se copie ; nos actes ont perdu leur intensité savoureuse, leur alacrité crépitante, et s'achèvent en réflexions amères, en déceptions navrées.

Dans le champ dévasté de notre âme il n'y a plus que ballons dégonflés ; l'amour, l'honneur, le devoir, la vertu, qu'est-ce que c'est que ça? Qui donc a rencontré ces sublimes fantômes? Pris d'un mauvais sourire, nous n'osons plus même en parler. L'élan intérieur diminue; il est brisé par de continuelles fatigues; finis l'imprévu qui peut mener loin et les coups de tête qui nous font connaître un autre monde ; au jour qui passe, et que nous ne distinguons pas de tant d'autres jours pareils, nous ne nous donnons qu'à demi; nous adoptons un mode de vivre prudent, réfléchi et terne qui est une forme de l'ennui.

La maturité professe une philosophie désillusionnée; c'est l'âge de la critique acérée ; les flèches de notre carquois ont ce qu'il leur faut de poison. Quels éclats de verve! Comme nous bafouons la mascarade humaine! Comme nous nous raillons nous-mêmes! Ne serait-ce pas de la gaieté? C'est plutôt de la colère et un besoin de se réchauffer par un jeu de massacre; dans ces années difficiles, où tout ce que nous avons aimé nous quitte sans retour, où il s'agit de pallier ses défaites, de se retirer avec grâce, on ne saurait au service de sa dégringolade mettre trop d'esprit.

L'ennui du déclin est lié à l'amincissement de notre étoffe corporelle, à l'envahissement de la sénilité; il traduit les faux pas de nos fonctions, la flétrissure de nos tissus; il est le reflet dans l'esprit de notre physiologie avariée, des digestions laborieuses, des insomnies où l'on rumine les pensées noires, de l'impotence cérébrale, de nos défaillances et abdications de toutes sortes. On s'ennuie à propos de rien, comme « on prend froid » à tout instant, par déperdition rapide de la chaleur vitale diminuée. Le physique a craqué; il ne faut plus lui demander des extases; notre chair est vidée, elle ne sait plus suer de la joie.

L'esprit plus que le corps est apte à se renouveler et maître de lui-même; Ariel aux mille ruses, il a de quoi voiler sa décadence. On aime les idées, on en jouit, au lieu des sensations qui nous font faillite; on se transporte dans l'abstrait : conversations, élans platoniques; il y a une richesse mentale un peu fictive qui nous tient lieu de nos possessions sensuelles qui ont péri. Tout nous trahit, tout nous quitte : habitons dans notre âme.

L'ennui de l'âge mûr est insidieux, il mord sans aboyer ; la pesanteur des années nous sauve de ses agitations douloureuses ; toutefois il est toujours là, et il a pour fond une pensée de désespoir. Cet homme dont le sang se glace, s'effraie et parfois se révolte ; doit-il déjà se rendre à la mort ? Il faut se hâter de vivre quand on est près de mourir. Il galvanisera ce corps qui devient cadavre. « Oh ! une fois encore avant que la lumière de ma vie s'éteigne, que mon cœur se brise, une fois encore, avant de mourir, je voudrais jouir d'un amour de femme[1] ! » Mais s'il a jeté ce cri avec le poète, il devra compter avec les affres de la maladie menaçante ; ou, pantin de l'ennui dont on s'amuse, il va jouer, dans l'amour qui ne veut plus de lui, les jocrisses de vaudeville.

V

L'ennui du vieillard repose sur le désenchantement absolu et sur l'obsession de la mort.

Le vieillard est-il toujours un désenchanté ? Assurément, soit qu'il fasse le compte de ses pertes et de ses défaites ; soit qu'il prenne en pitié les biens acquis dont il ne peut plus jouir.

Le cours de la vie est une succession d'états d'âme mystérieux et multicolores dont la variété nous ravit.

1. Henri Heine.

Dans la vieillesse l'évolution du moi est terminée ; une pensée fixe et douloureuse hérite de celles qui l'ont précédée : c'est l'ennui, souffrance multiforme et indéfinissable qui est l'aboutissant de tout : joies et douleurs, victoires et revers. Et c'est ici l'ennui irréparable et sans plasticité, l'épuisement définitif et sans résurrection, l'ennui fait de cendres et de déchets, qui est somnolence invincible et envie secrète de mourir.

L'ennui de la vieillesse est sans réaction, sans fièvre. Le vieillard ne saurait élever contre son sort une protestation sérieuse; la condamnation à mort est acceptée ; il n'espère pas que les lacets du destin qui l'étranglent un peu plus chaque jour se desserrent. Sans doute il s'est démis du métier qui l'entretenait dans une inconscience relative. Il cultive alors son désenchantement, de même que l'affligé vit de sa tristesse. Détrompé sur tant de choses, il est pris d'un désir de vérité; il veut connaître le vrai sur son propre compte, sur les autres, savoir quelle sorte de pièce il a jouée, quelle tragédie ou quelle farce ; puisqu'il en est au cinquième acte, il est bon que tout se découvre ; il ne veut pas mourir sans avoir compris[1].

Il se souvient, et ce sont particulièrement nos erreurs qui se rangent en bataille contre nous; nous les reconnaissons comme nôtres et comme étrangères, nous en trouvant à jamais séparés. Cependant il arrive que leur

1. L'approche de la mort crée un état émotif favorable à l'illumination de l'esprit; bien des gens ne comprennent la vie et le rôle qu'ils ont joué qu'au moment de mourir. La mort dégrise.

nombre paraisse formidable et que leur ligue soit accablante; la mélancolie sénile s'accompagne fréquemment d'humiliation dépressive, d'un sentiment d'indignité.

Le passé règne dans l'esprit dévasté du vieillard, maison en ruines livrée aux revenants; ses quarante ans de vie consciente l'ont peuplé d'images travaillées et mises au point, qui s'opposent aux impressions pâles du jour présent. Il est un survivant; il demeure seul dans un monde renouvelé auquel il n'a pas la force de s'intéresser[1]. On attend son héritage, et les enfants qu'il appelle à lui pour s'égayer lui arrachent des sous. Ajoutez que sa parole est décourageante; ses discours qui effleurent la cime des choses et des idées sont semblables aux éblouissantes passes d'un prestidigitateur jonglant avec des têtes de morts; mais halte-là! les mots ne sont pas la vie; on n'enferme pas le monde dans la coquille de noix d'un aphorisme; il y a des trésors de sensations à découvrir dans telle maxime de votre expérience que vous nous jetez, dédaigneuse et lapidaire.

L'ennui chez le vieillard ne fait qu'un avec l'obsession de la mort. Cet homme à bout d'années n'ose plus hasarder un mot d'avenir; il se redit continuellement le chiffre de son âge; il le confie au premier venu pour lui demander une parole d'encouragement;

1. « De toutes les maladies, la plus affreuse, c'est la vieillesse, non seulement parce qu'elle est incurable, mais parce qu'ainsi que les maladies contagieuses elle écarte tout le monde, et plonge dans un ennui qui est le plus grand et peut-être le seul malheur de la vie; oui, le seul, je ne m'en dédis point, excepté les douleurs. » (Mme du Deffand, lettre de 1778, *Correspondance publiée par le marquis de Saint-Aulaire*.)

il fouille son hérédité, il suppute ses chances de longévité.

La lutte contre la mort le tire de l'engourdissement qui le gagne ; une terreur folle l'agite qui est sa défense contre l'ennui léthargique où il succombait ; il y a dans l'air une mauvaise nouvelle. Combat atroce et captivant ! Dans ce duel effrayant contre un adversaire qui a trop d'alliés, à cette heure de lumière tombante où tous les coups portent, où les blessures ne se cicatrisent plus, on est sans cesse *touché ;* mais il s'agit de vendre cher une vie que nous avons aimée et dont les minutes deviennent précieuses.

L'ennui propre aux différents âges de la vie, jeu d'imagination, atteint particulièrement ceux qui ont le loisir de s'y livrer, et qui pensent à leur âge avec des airs attendris, se regrettent dans les jours écoulés ; et ce sont les poètes, les rêveurs, les jouisseurs et les femmes.

CHAPITRE III

LES FORMES QUE PREND L'ENNUI

L'ennui qui se mêle à nos divers sentiments se présente sous les aspects les plus variés : est-ce lui qui domine toujours dans les états que nous allons dire ? Non, mais il suffit qu'il ait apparu à leur origine ou qu'il leur ait donné sa marque, pour que nous les retenions à son nom. La marque de l'ennui, nous le savons, c'est la souffrance qui parfois s'enveloppe de déguisements singuliers, dans le but de se fuir. Habile à se servir du masque, relevons quelques-unes des formes que prend l'ennui.

I

L'ENNUI DANS SES FORMES IMPERSONNELLES

L'ennui règne à l'état permanent dans la multitude. Quelle est la rumeur qui sort des foules ? A une certaine hauteur tout se résoud en gémissements. Personne n'est content de son sort. Des races entières ont maudit l'existence et ont élaboré des religions de désespoir ou des philosophies pessimistes; l'humanité est travaillée par un mal secret et ne connaît pas le repos.

L'ennui est le principe des révolutions, des guerres[1]. L'humanité est inquiète, avide du mieux; elle a toujours été en guerre, en révolution. La paix n'a-t-elle point sa douceur? Est-ce que le foyer construit pierre à pierre n'est pas préférable au risque dangereux de l'inconnu? Non, perçant à travers tout, l'ennui est le plus fort. On quitte sa maison, sa famille, et il y va de la vie. Qu'importe, on aura été au delà de l'horizon, on aura changé d'âme, et on court les aventures afin de revenir homme nouveau.

L'ennui crée des messies qu'il auréole. La foule juge sa misère intolérable; on paie trop cher le malheur d'être né! n'y aura-t-il pas une délivrance? Des rêves fermentent dans son âme obscure; des visions se lèvent de terre promise, de paradis perdus; qui nous y conduira? Un fou passe, un charlatan, qui nous promet des prodiges; on l'acclame, on marche à sa suite; l'ennui a trouvé un sauveur.

Pour gagner le cœur de la foule il faut parler à son ennui. Elle fait ses élus de ceux qui ont pitié de sa détresse[2]; elle demande à ses guides des paroles d'encouragement; elle reconnaît pour ses prophètes ceux qui lui annoncent *la bonne nouvelle*, des temps nou-

1. « La France s'ennuie », parole de Lamartine, à la veille de la révolution de 1848.
2. « *Misereor super turbas* », mot de Jésus-Christ.

veaux. L'ennui la dirige vers les religions consolantes qui font entrevoir à la douleur terrestre des compensations d'outre-tombe. Ainsi triompha le christianisme qui promit aux hommes l'immortalité ; ce fut là son don de joyeux avènement, le coup de génie par lequel il conquit le monde.

Toute civilisation est une défense savante contre l'ennui. L'humanité s'ennuyait dans la barbarie primitive; des besoins se firent jour qui demandaient satisfaction; l'esprit aspira à se connaître et à se raffiner. La civilisation fait l'éducation patiente de toutes nos facultés; elle nous rend capables d'une diversité incroyable de plaisirs : elle a des serres de fleurs rares et fabrique des poisons enivrants ; elle produit les grandes villes, avec leur éternelle orgie; la grande ville, pays de mirages, tremplin des audacieux, paradis fleuri de toutes les jouissances, est le lieu du monde où l'on se sent le mieux défendu contre l'ennui[1].

L'ennui a magnifié l'idée de patrie. C'est un instinct, d'abord, que l'amour de la patrie; les hommes sont liés d'une attache naturelle au ciel qui les a vus naître, au sol qui les nourrit; ils s'aiment dans ceux qui leur ressemblent. L'ennui d'une vie individuelle étroite a exigé davantage : la patrie est un idéal, et la

1. « Les barbares, dont l'existence était plus simple que la nôtre, s'ennuyaient encore plus que nous. Ils tuaient et pillaient pour se distraire. Nous avons présentement des cercles, des dîners, des livres, des journaux et des théâtres qui nous amusent un peu. Nos passe-temps sont plus variés que les leurs. » Anatole France, *Vie littéraire*, 2e série, p. 22.

projection au dehors, l'élargissement magnifique de notre personnalité ; nous mettons en elle notre orgueil et notre amour ; il nous plaît de faire nôtres ses joies, et de pâtir de ses souffrances ; et sa douceur remplit notre âme à la façon d'une ivresse qui emporte notre ennui[1].

L'ennui a créé des dieux. Que seront-ils ? Des êtres tout-puissants qui viendront à notre secours. Les dieux nous accompagnent sur le chemin de la vie et nous aident à franchir les mauvais passages ; ils s'interposent entre nous et la réalité horrible ; ils font fléchir les lois de la nature inexorable[2]. Nous sommes avec eux en commerce intéressé d'oraisons et d'offrandes, et cela nous occupe, et un apaisement descend en nous.

1. Il y a dans le fait d'être citoyen d'un grand pays une exaltation intérieure et secrète. « Je ne dis pas, dit M. Tarde, qu'une petite patrie, ou une patrie amoindrie, soit moins chère, mais elle rend moins fier, du moins à une époque comme la nôtre, où le nombre fait loi. » *La Logique sociale*, p. 334.

Voici maintenant de curieuses paroles d'un jeune homme oublié aujourd'hui : Imbert Gallois, de Genève, mort phtisique à vingt-deux ans (1828). Il nous est donné comme un déséquilibré, mais il est des propos de malades qui servent à lire dans la pensée des gens bien portants : « J'ai fait une découverte en moi, c'est que je ne suis réellement point malheureux pour telle ou telle chose, mais j'ai en moi une douleur permanente qui prend différentes formes... Depuis deux mois, toutes mes facultés de douleur se sont réunies sur un point. J'ose à peine vous le dire, tant il est fou ; mais je vous en supplie, ne voyez là dedans qu'une forme de la douleur... ; voyez le mal et non pas son objet. Eh bien ! ce point central de mes maux, c'est de *n'être pas né Anglais*. Ne riez pas, je vous en supplie : je souffre tant ! » (Extrait de *L'Art au point de vue sociologique*, par M. Guyau.) L'infortuné dont il s'agit estime évidemment qu'il ressentirait moins vivement ses souffrances personnelles, s'il avait le bonheur d'appartenir à une grande nation.

2. « Le Grec connaissait et ressentait les épouvantes et les horreurs de l'existence ; pour qu'il pût néanmoins vivre, il fallait qu'il mît entre elles et lui cette éclatante fleur de rêve : les dieux de l'Olympe. » Nietzsche, *La Naissance de la tragédie*.

L'univers décapité du Dieu qui lui donne un sens n'est-il pas une forme du néant? L'ennui cependant brise ses idoles, quand elles ont fait leur temps et quand leur dorure s'en est allée; mais sous d'autres noms il enfantera encore de nouveaux dieux[1].

L'ennui veut qu'il soit des grands hommes. Qu'attend la foule des êtres supérieurs qu'elle élève au-dessus de sa tête? Qu'ils la tirent de son imbécillité. Le grand homme est éblouissant, il fait des prodiges; ses promesses ne sont pas vaines; il nous conduira au but qu'il a fixé; il paraît et tout s'illumine : la face de la terre est renouvelée. Le culte rendu aux hommes célèbres nous console de notre obscurité ; il nous excite, il nous amuse; ils sont des exemplaires d'humanité réussis ; le génie est une magie.

L'ennui trouve un délassement dans les créations de l'art. L'art achève la vie, il nous en livre la fleur; il nous prodigue les émotions et les songes; par sa grâce l'imagination est peuplée de fictions familières et notre

1. « L'esprit de l'homme n'ayant pas encore assez des soucis, des chagrins et des occupations que lui fournit le monde réel, se fait encore de mille superstitions diverses un monde imaginaire, s'arrange pour que ce monde lui donne cent maux et absorbe toutes ses forces, au moindre répit que lui laisse la réalité : car ce répit il n'en saurait jouir... L'homme se fabrique à sa ressemblance des démons, des dieux des saints : puis il leur faut offrir sans cesse sacrifices, prières, ornements pour leurs temples, vœux, accomplissements de vœux, pèlerinages, hommages, parures pour leurs statues, et le reste. Le service de ces êtres s'entremêle perpétuellement à la vie réelle, l'éclipse même; chaque événement devient un effet de l'action de ces êtres; le commerce qu'on entretient avec eux remplit la moitié de la vie... C'est là l'effet et le symptôme d'un besoin vrai de l'homme, besoin de secours et d'assistance, besoin d'occupation pour abréger le temps... » Schopenhauer, *Le Monde comme volonté et comme représentation*, p. 337, t. I.

âme semble agrandie. L'art se substitue à la réalité ; il est l'illusion qui recouvre le réel ; il est l'oasis dans le désert immense, le moment d'extase qui efface le souvenir de nos maux.

L'ennui est présent dans les mouvements de la mode. Il y a des modes en tout, dans l'ordre temporel, comme dans les idées. La mode procède du besoin de changement ; elle ne donne point ses raisons et, dans ses fantaisies singulières, elle dépend des menées de l'ennui.

Et on peut dire que l'évolution sans fin des sociétés, leur progrès et leur décadence expriment leur éternel ennui.

II

L'ENNUI DANS L'INDIVIDU

L'ennui a pour équivalent l'inquiétude. Tout homme est inquiet ou désespère ; aucun n'est content de ce qu'il a ; l'habitude nous fait supporter notre misère, mais dès qu'une espérance traverse les airs nous avons la tête tournée ; nous sommes les jouets du désir et des chasseurs de chimères [1].

L'ennui nous mène selon son caprice. Il fait de nous

1. « On s'embête, du haut en bas de l'échelle sociale. Le menuisier s'embête en rabotant, et l'épicier en vendant au poids, aussi bien que l'ambassadeur en remettant ses lettres de créance. Les femmes s'embêtent en observant leurs devoirs ou en les trahissant. » Paul Hervieu, *L'Embêtement*.

des êtres mobiles, ondoyants, déchirés de contradictions, mis en mouvement par des gageures; il nous constitue prompt aux engouements, ami du hasard qui choisit pour nous; il décide les « coups de tête » injustifiables; serpente dans les lacets sans nombre de notre destinée. Il est la manie des déplacements, l'agitation sans but, la curiosité sans objet; un facteur de palinodies, de « conversions », de renversements fantasques : le démon du bohème et du déraciné.

L'ennui est le mécontentement du réel auquel on tente d'échapper. Il est l'horreur de la vie goûtée dans sa banalité écœurante et il nous impose la recherche des divertissements et des déguisements les plus variés : de là viennent les passions, les ambitions, le rêve, et aussi le goût des avatars et métamorphoses; des farces, des mystifications; la culture de l'excentricité, du burlesque; le plaisir pris à l'absurde[1]. L'ennui nous incite à nous dépasser et, par exemple, à conquérir la gloire afin de devenir un être unique, qui aura des privilèges; influence insaisissable, désir secret de l'impossible, il passe dans les fanfaronnades du viveur, les tours de force de l'acrobate, l'inspiration de l'artiste[2], les envolées du métaphysicien; il en-

1. « Les fous seuls m'amusent », disait Dickens. — Il est trois sortes d'êtres qui font voir à l'homme un monde différent de celui ordonné par la raison mathématique : les fous, les enfants et les femmes. Et ce sont des êtres délicieux.

2. « Quand on lira *Salammbô*, on ne pensera pas, j'espère, à l'auteur! Peu de gens devineront combien il a fallu être triste pour entreprendre de ressusciter Carthage! C'est là une Thébaïde où le dégoût de la vie moderne m'a poussé. » Flaubert, *Correspondance*.

gendre le poète avec ses nostalgies passionnées; l'aventurier que sa fantaisie conduit ; l'esthète vivant dans des visions d'art ; l'affamé de lectures romanesques ; le désespéré qui flirte avec le suicide.

L'ennui se traduit par des actes de fatigue. Il détermine un sommeil intempestif *qui est une opinion ;* il est partie prenante dans les « absences » fréquentes de l'esprit : inattention, éclipses de la mémoire, erreurs du jugement ; dans son jeu relâché, incertain : conversations oiseuses, paroles vides, propos décousus ; il apparait dans l'humeur irritable, le ton hargneux ; dans l'allure avachie, la démarche errante et lasse, les pas sans direction. Il nous frappe d'incapacité momentanée ou durable; il est fauteur de défaillances professionnelles et de gestes ratés. Donnons en exemples comme victimes de l'ennui : l'ouvrier flâneur qui sabote son ouvrage ; le promeneur flottant qu'on bouscule ; le gymnasiarque distrait qui se casse les reins; le commerçant paresseux enlizé dans la routine ; le médecin hébété dont le diagnostic s'émousse ; le musicien dont le jeu s'embrouille ; l'acteur qui lâche ses rôles ; le prêtre qui dépêche sa messe ; l'orateur dont l'éloquence s'éteint ; le charlatan dont le boniment ne va plus ; le croyant dont la foi tiédit. Tous ceux qui sont menés, remorqués par les malins et par les forts, qu'on fait passer par des chemins où ils n'ont que faire, relèvent des langueurs paralysantes de l'ennui.

L'ennui se trahit par des extravagances. Il est un point de départ pour les fantaisies de notre conduite et l'excuse dont nous couvrons nos folies. La vie est si monotone! notre destin ressemble à une condamnation. On se distrait par les achats, les folles dépenses, le luxe insensé, la vie tapageuse ; le gaspillage est amusant; certains trouvent un aiguillon dans les dettes. L'ennui a ses manies innocentes et ses diversions périlleuses : inventions bizarres ; collections d'objets hétéroclites ; jeux de cartes ; jeux de hasard ; paris ; défis sérieux ou enfantins. Il façonne un sujet à des attitudes singulières d'isolé, de révolté, d'*outlaw* ; il provoque des contorsions morbides chez qui a besoin de se sentir vivre, et on a alors l'impertinence, la fureur provocatrice, l'ironie agressive, la misanthropie déclarée [1].

L'ennui est le principe de la sociabilité : « Il a assez de force pour amener des êtres qui s'aiment aussi peu que les hommes entre eux, à se rechercher malgré tout [2]. » On s'accroche à ceux qui passent et au premier venu ; nous supplions qu'on nous frictionne et qu'on nous tienne compagnie ; on se réconcilie avec

1. « Pour combattre l'ennui, on insinue sournoisement à la volonté des motifs petits, provisoires... qui sont par rapport aux motifs réels et naturels ce que le papier-monnaie est par rapport à l'argent. De tels motifs sont les jeux de cartes ou autres, inventés précisément dans le but que nous venons d'indiquer. A leur défaut l'homme borné se mettra à tambouriner sur les vitres ou à tapoter avec tout ce qui lui tombe sous la main. Le cigare lui aussi fournit de quoi suppléer aux pensées. C'est pourquoi dans tous les pays les jeux de cartes sont arrivés à être l'occupation principale dans toute société : ceci donne la mesure de ce que valent ces réunions et constitue la banqueroute déclarée de toute pensée. N'ayant pas d'idées à échanger, on échange des cartes et l'on cherche à se soutirer des florins. O pitoyable espèce! » Schopenhauer, *Aphorismes sur la sagesse dans la vie*, p. 29.

2. Schopenhauer.

ses pires ennemis, s'ils sont en mesure de nous distraire. Chacun fuit sa maison : il se fait un chassé-croisé risible de visites inopportunes ; nous forçons la porte d'autrui et on force la nôtre ; afin de se les attacher on livre à des indifférents ses secrets, on les enguirlande par des confidences. L'ennui nous rend les esclaves de nos semblables détestés ; il traine à sa suite la lâcheté, les capitulations, l'avilissement du caractère.

L'ennui se décèle dans notre humeur courante. Il fait la versatilité de nos idées, la mobilité de nos affections, l'ingratitude naturelle du cœur ; il nous rend exigeants, violents, querelleurs; il introduit la raillerie dans l'amitié, la méchanceté dans l'amour; par curiosité froide de « ce qui arrivera », il secoue à les briser les liens qui nous sont le plus chers. Il a une prédilection pour ce stimulant puissant de la vitalité qui est la haine. Rien ne donne de la saveur à la vie et n'apporte de la pâture à l'esprit comme une haine dûment travaillée; il nous faut des ennemis! on s'en crée, on en trouve ; on se réchauffe à se « monter la tête » et à échanger au moins des coups de poing[1].

L'ennui a des traits significatifs où il se laisse surprendre. Il est l'insistance du buveur chez qui la béa-

1. « La vie est souvent bien monotone, bien longue, bien pâle, quand la fatigue succède à un travail trop prolongé et que l'on est condamné à l'inaction et au repos. Les raisons de tenir à cette vie à mesure qu'on y avance se font de plus en plus rares. Haïr son prochain doit être une des bonnes raisons d'aimer l'existence. Il y a là un aiguillon qui vous pousse sans cesse en avant et vous fait souhaiter le lendemain avec ardeur. C'est peut-être demain que celui qu'on hait souffrira. Comme on doit bien dormir avec cette belle espérance! » Alexandre Dumas fils, *Notes de la Princesse de Bagdad.*

titude espérée ne vient pas ; la rage inexplicable du cavalier qui éperonne son cheval ; la fureur de l'amant qui met une morsure dans ses baisers ; la parole cinglante du causeur que son interlocuteur agace ; le besoin de parler de soi, afin que le sentiment de notre vie redouble ; il se laisse voir dans les retours moroses du trop austère qui ne jouit pas ; dans la dureté de physionomie qui est le visage naturel de tant de gens abrutis, surmenés.

L'ennui est facteur de perversions morales. Il remue des pensées obscènes, il se soûle le cœur de chants orduriers ; il recherche le vice monstrueux, l'aberration scandaleuse ; il jette un défi aux lois et aux mœurs ; il pratique la débauche savante ; il a recours à d'agréables et méthodiques intoxications ; il se risque jusque dans le crime ; il implore la folie comme une aventure et comme un bienfait.

L'ennui se manifeste dans notre besoin perpétuel d'être diverti. C'est lui qui pose en toute rencontre la question : Qu'y a-t-il de nouveau ? Il est friand d'histoires surprenantes, de médisances inédites, de récits pimentés ; il tourne la conversation en controverse, jette des mots excitateurs, ose des calembours déconcertants ; il prodigue les compliments adroits, les gentillesses flatteuses, qui mettent les causeurs en verve, font mousser les propos pétillants. — Il institue à son service des rôles de bouffons, des emplois d'amuseurs ; il décerne des prix aux boute-en-train ; il fait une vertu du rire ; il déclare la guerre aux gens moroses et aux fronts soucieux ; il sauve la fadeur du moment par des plaisanteries saugrenues ; il voile le vide de l'heure par des inventions abracadabrantes ; il adresse des appels forcenés à la joie, à la noce, à la fête qui nous étourdit...

L'ennui décide les grands amours et les petites aspirations de la chair...

Mais comme il faut renoncer à épuiser les formes que prend l'ennui, nous arrêterons là cette énumération.

CHAPITRE IV

L'ENNUI SELON LES CARACTÈRES

En nous proposant d'examiner les rapports de l'ennui avec le caractère, nous n'entendons pas traiter avec développement une question qui est de soi indéterminée et obscure : il s'agit simplement d'ajouter quelques traits à notre analyse de l'ennui. On sait d'autre part que la classification des caractères est un des problèmes épineux de la psychologie : nous ne retiendrons que les catégories qui peuvent intéresser notre étude.

L'ennui chez les actifs. — « Les actifs ont pour marque dominante la tendance naturelle et sans cesse renaissante à l'action. Ils ressemblent à des machines toujours en mouvement et vivent surtout extérieurement... Ils sont des machines solides, bien munies de force vive et encore plus d'énergie potentielle [1]. »

Comment l'actif sera-t-il atteint par l'ennui ?

1. Ribot, *Psychologie des sentiments*, p. 379-387 ; Paris, F. Alcan.

L'actif connaît peu l'affaissement du doute, les dégoûts subtils de la pensée ; s'il est résistant, il n'aura pas à se débattre avec les affres de l'épuisement ; mais l'ennui s'introduira en lui par les côtés défectueux de son caractère.

L'actif est souvent un impulsif qui s'élance avant d'avoir réfléchi : s'étant assigné un but un peu au hasard, il sera déçu par la possession. Sa façon de ressentir l'ennui est celle que nous dit Pascal, quand il nous dépeint la misère inhérente à la condition des hommes (qui sont en majorité des actifs). Son malheur vient de ne savoir pas demeurer dans une chambre et il tend au repos par l'agitation.

L'actif qui va pour le plaisir d'aller n'est jamais « arrivé » ; si l'esprit est peu cultivé, il ne jouit guère de ses victoires ; parvenu à l'objet désiré, il dit volontiers : « Ce n'est que ça? » et, aimant mieux la chasse que la prise, il repart pour de nouvelles conquêtes. Son défaut fréquent réside dans sa maigreur psychologique. Tourné vers le dehors, abusant de l'action, il soigne mal cet esprit d'où tout dépend, même les plaisirs des sens ! il lui manque la vie intérieure, la pleine possession de soi.

Il semble qu'il ne capitalise pas, que ses actions insuffisamment conscientes ne deviennent pas des souvenirs, et son activité essoufflée ressemble vaguement à de la détresse. L'ennui se manifeste chez lui par l'incohérence des actes, la témérité des entreprises, des éclats de violence et de mauvaise humeur. Il ne sait pas organiser le repos, les haltes dans la jouissance, la dégustation intime de soi-même, et extériorisé, galopant, il fuit le vide qu'il porte en son sein en se donnant à l'action irréfléchie et machinale, jusqu'à ce qu'il y goûte une manière d'ivresse.

Il arrive aussi qu'il fasse en sa personne un coup d'État, qu'il tente un changement radical de son être. Que voit-on alors? Il se lance dans des sentiments jusque-là ignorés : l'amour, le rêve, l'extase religieuse, les passions intellectuelles; enfin il connaît la vie intérieure! il deviendra un amant, il fera un converti, un néophyte travaillant à se compliquer et dont les attitudes fanatiques nous surprendront. Qu'a-t-il voulu faire? Se renouveler, explorer le pôle contraire, devenir un autre personnage. C'est l'ennui qui a décidé cette volte-face : il le retrouvera dans le rôle nouveau qu'il va jouer gauchement.

L'ennui chez les sensitifs. — « Les *sensitifs* qu'on pourrait nommer aussi les affectifs, les émotionnels, ont pour marque propre la prédominance exclusive de la sensibilité. Impressionnables à l'excès, ils ressemblent à des instruments en vibration perpétuelle et ils vivent surtout intérieurement[1]. »

Le sensitif est un subjectif tout près de haïr le monde extérieur, qui tend à vivre du jeu de ses images mentales; épris de lui-même, obsédé par ses chers fan-

1. Ribot, *Psychologie des sentiments*, p. 378.

tômes, il est un analyste raffiné de ses sensations pesées à plusieurs balances; il est traversé de frissons curieux dont il fait tour à tour ses délices et ses tourments. D'où lui viendra l'ennui?

Le sensitif naît fragile; il tire son ennui de sa délicatesse qui le condamne à de rapides épuisements; il advient qu'il est peu apte à l'effort et que la lutte le rebute; se sentant misérable, il est pris de lassitudes mortelles en face de l'hostilité des hommes et des choses, et son imagination étend sur le monde le voile noir de son découragement. Son bonheur est d'ailleurs d'établissement difficile, parce que son âme est nuancée comme un arc-en-ciel; il ne trouve à s'épanouir que par la rencontre favorable d'un milieu aimé.

L'ennui chez le sensitif dérive de sa nature même. Il fait son ennui avec sa finesse qui se déchire à tout, avec ses rêves, qui lui reviennent blessés. Il connaît les longues sécheresses, la monotonie d'une âme qui ne peut se déprendre d'elle-même. Quoi qu'il tente, il souffrira. La sensibilité est une analyse. « Les délicats sont malheureux[1]. »

L'ENNUI CHEZ LES PASSIONNÉS. — Le passionné est celui qui recherche les émotions pour les ressentir avec une exceptionnelle intensité. On lui envie ses élans

1. Voici quelques lignes de Fénelon où se lit un ennui de sensitif brisé par la vie. « Pour moi, écrivait-il, je suis dans une paix sèche, obscure et languissante; sans ennui, sans plaisir, sans pensée d'en avoir aucun, avec un présent insipide et souvent épineux, avec un je ne sais quoi qui me porte, qui m'adoucit chaque croix, qui me con-

irrésistibles, la force de sa passion dominante. Il semble qu'il ait dans l'ardeur naturelle de son être un talisman contre l'ennui : nul ne le subit davantage.

Le passionné est la victime des excès où il s'emporte; dissipateur effrayant d'énergie, il paie avec sa raison les jeux de sa folie. N'y aurait-il pas chez lui un déséquilibre originel? Son ennui est un lendemain de fête, l'horreur secrète du buveur dégrisé, le coma après l'accès[1]; nul ennui plus sombre, plus voisin du suicide.

Le passionné ignore la variété reposante de la vie[2]; il ne prend plus la vraie mesure des choses; sa chasse au bonheur tourne à l'hallucination; il est le jouisseur qui veut jouir jusqu'à l'abolition de la conscience de vivre; mais ses moments de joie sont clairsemés; il vit, en attendant leur retour, dans un long ennui[3].

tente sans goût... Le monde me paraît comme une mauvaise comédie qui va disparaître dans quelques heures. Je me méprise plus encore que le monde; je mets tout au pis aller; et c'est dans le fond de ce pis-aller que je trouve la paix. »

1. « L'existence n'est tolérable que dans le *délire littéraire*. Mais le délire a des intermittences; et c'est alors que l'on s'embête. » Flaubert, *Correspondance*.

2. La violence des passions est un signe de force vitale, non d'intelligence; les passionnés se fourvoient sans cesse; de là le malheur général de leur existence. — L'infini de la jouissance ne doit pas être demandé à une intensité destructrice, mais à la variété des sensations et de notre activité.

3. Nous rappelons le cas de Byron, pour illustrer l'ennui du passionné. Il écrivait : « Pourquoi ai-je été toute ma vie plus ou moins ennuyé?... Je ne sais que répondre, mais je pense que c'est dans mon tempérament... comme aussi de me réveiller dans l'abattement, ce qui n'a jamais manqué de m'arriver depuis plusieurs années. La tempérance et l'exercice que j'ai pratiqués parfois et longtemps de suite, vigoureusement et violemment, n'y faisaient que peu ou rien. Les passions violentes me valaient mieux. Quand j'étais sous leur prise directe, — c'est étrange, — j'étais agité et non abattu. Pour le vin et les

L'ennui dans l'esprit abstrait. — L'esprit abstrait est celui de l'homme qui a passé de l'instinct à la réflexion, de la sensation aux idées, et qui tend à vivre à la lumière froide de la raison.

L'âge qui nous détache de nos sens et des sensations cueillies sans y penser, fait de nous, bien malgré nous, un esprit abstrait, spiritualisé; nous voilà condamnés à aimer les idées après avoir aimé les créatures. Nous perdons jour à jour mille impressions imperceptibles qui remplissaient notre capacité. L'intelligence prend le gouvernail, avec ses commandements raisonnés et sa langue d'algèbre. « Tôt ou tard on ne jouit que des âmes. » Hélas! qu'il est peu d'âmes dont on puisse jouir, tandis qu'au temps des jouissances physiques et des baisers semés sans compter nous étions toujours occupés.

La culture acharnée de l'intelligence qui vise au développement de l'esprit abstrait est une marche à l'ennui. Le talent, par exemple, ne s'acquiert qu'au prix d'efforts héroïques, autant dire d'un épouvantable ennui. Pour s'assurer dans n'importe quel genre une supériorité, il est nécessaire de s'astreindre à de sévères

spiritueux, ils me rendent sombre et sauvage jusqu'à la férocité, — silencieux pourtant et solitaire, point querelleur, si on ne me parle pas. Nager aussi me relève; mais en général je suis bas, et tous les jours plus bas. A cela pas de remède, car je ne me trouve pas aussi ennuyé qu'à dix-neuf ans. La preuve en est qu'à cet âge-là j'étais obligé de jouer ou de boire, ou d'avoir une excitation quelconque, sans quoi j'étais misérable... A présent, ce qui m'envahit le plus, c'est l'inertie, et une sorte d'écœurement plus fort que l'indifférence. Si je me réveille, c'est par des fureurs. »

Se rappeler encore Stendhal qui, passionné et ardent à vivre, accuse à tout bout de champ de l'ennui.

disciplines ; il faut fermer les yeux à tout ce qui n'est pas notre idée fixe, dédaigner les tentations du chemin et de l'heure ; l'esprit n'affermit sa domination qu'au prix de l'écrasement des sens. Le talent est une victoire d'ascète ; il exige le sacrifice du présent à l'avenir, la foi dans un idéal, presque inaccessible ; il est la folle entreprise de la volonté. C'est l'ennui de qui vit retiré, cloîtré, en attendant que son règne arrive ; ennui du travailleur à œillères, du solitaire par ambition forcenée et originalité excessive.

Les professions proprement intellectuelles où l'esprit seul fonctionne, et continuellement, reposent sur l'ennui. Exploiter son cerveau sans relâche, ne vivre que par ses facultés les plus hautes, quelle gageure ! Pour devenir l'homme de sa spécialité, on s'est interdit la liberté, on se retranche des goûts charmants. La vocation première de l'homme, ce sont les joies de la vie ; on y renonce quand on fonde sa carrière sur l'exercice implacable et épuisant de l'intelligence. Un jour vient où des doutes s'élèvent sur la valeur de l'œuvre accomplie ; écoutez les regrets tardifs du travailleur vieilli qui n'a pas cueilli la vie dans sa fleur, qui s'aperçoit que sa gloire lui a coûté trop cher ! il envie le sort des simples, des ignorants, des abrutis ; il est trop tard pour s'échapper de la prison qu'il a construite de ses mains ; il est enfermé dans l'ennui [1].

1. Renan s'exprime ainsi, dans *L'Eau de Jouvence* : « Tous les trois nous avons mené une jeunesse sage, car nous avions une œuvre à faire. En conscience, voyant le peu que cela rapporte, pouvons-nous

Le penseur en qui triomphe l'esprit abstrait est voué à l'ennui. La pensée est un extrait, une essence passablement grisante, et déjà, de par sa richesse, elle enferme en soi la satiété[1]. Voué à l'abstraction, le penseur se retire de la vie vulgaire ; il déduit, il généralise, et quelques échantillons lui suffisent; il vit en chartre privée dans son esprit, et le monde extérieur s'évanouit. Constructeur de systèmes, il prend l'univers dans un filet de mots où il apparaît tout petit. Quand il erre parmi les hommes il ne se sent pas la chaleur du vivant ; il voit les ressorts et partout le mécanisme. Il n'est pas séduit et il découvre le fond horrible des choses. Tout lui est cabinet de travail, salle de dissection ; son cerveau est un laboratoire. Il tient de sa manière analytique de vivre un froid intérieur qui lui est particulier. « Le philosophe, dit Amiel, est l'homme à jeun dans l'ébriété universelle; il aperçoit l'illusion dont les créatures sont le complaisant jouet; il est moins dupe qu'un autre de sa propre nature. Il juge plus sainement du fond des choses. » — Taine écrit ces lignes où se trouve dépeint l'ennui de ceux qui pensent : « Cette disposition à vivre seul et en soi-même produit la tristesse. Presque tous nos moments de gaieté nous viennent du contact changeant de nos semblables, ou du spectacle changeant de la nature.

songer à conseiller aux autres, qui n'ont pas d'œuvre à faire, les mêmes maximes de vie ? » — Et dans quels termes éloquents Gœthe décrit l'ennui de Faust qui a étudié en vain !

1. « J'ai épuisé la vie », disent de bonne heure ceux qui pensent et qui ont dévoré la vie grâce à l'intensité de leur pensée.

On se dissipe, on s'occupe, on oublie, on rit : bonheur léger et passager qu'il faut prendre ou perdre, sans beaucoup le regretter ni l'attendre, et sur lequel il ne faut pas réfléchir. L'homme réfléchi le trouve misérable, et, comme il n'y en a pas d'autre, il juge que la joie n'est pas. Bien plus, apercevant les choses par des vues générales, il découvre en l'homme cent mille misères que le vulgaire n'aperçoit pas : l'immensité de notre ignorance, l'incertitude de notre science, la brièveté de notre vie, la lenteur de notre progrès, l'impuissance de notre force, le ridicule de nos passions, l'hypocrisie de notre vertu, les injustices de la société, les douleurs sans nombre de notre histoire. Il lui semble, non sans raison, que la vie est un mal, et s'il ne tombe pas dans la misanthropie méchante de Swift, il n'a de refuge que la gaieté douloureuse de Candide, ou la quiétude mathématique de Spinoza : refuge inutile qui laisse la blessure aussi cuisante[1]. »

Les réfractaires a l'ennui. — Y a-t-il des réfractaires à l'ennui? Non, si c'est un mal inhérent à la nature de l'homme. On rencontre cependant des gens qui disent l'ignorer : sans doute ils l'éprouvent atténué, ou enfermé dans un alliage ; assurément ils n'en ont pas

1. Il est bon de noter à cette place l'ennui incommensurable de Ferdinand Brunetière, esprit algébrisé devenu inaccessible à ce qui ne se présentait sous le mode de l'abstraction ; il s'était rendu inapte à sentir la nature, ainsi que nous le rapporte M. Paul Hervieu voyageant avec lui ; sa conversion au catholicisme après tant d'années d'incrédulité raisonnée, fut le vertige du désespoir ; il disait d'ailleurs à M. Paul Bourget : « Si je ne m'écrasais pas de travail, je mourrais de chagrin devant la couleur de mes méditations. »

conscience, ils n'en font pas le travail de leur pensée; puisqu'ils sont sans plainte à son égard, nous dirons qu'ils sont des réfractaires à l'ennui.

Les réfractaires à l'ennui ne sont point reconnaissables à des traits communs. Essayons de distinguer certains d'entre eux.

Le *bien portant* en possession de la joie invincible de vivre triomphe naturellement de l'ennui. Pour lui, vivre est une sourde ivresse; respirer seulement est un plaisir. A quelque tâche qu'il s'applique, il a la jouissance foncière de son être : l'esprit peut être vide, le bonheur tel qu'il résulte d'une santé riche équilibre l'individu et fait l'effet du plein. Et ajoutons qu'une force physique toujours égale à elle-même entraîne l'insensibilité, l'inconscience, conditions de la simplicité d'esprit et de la belle humeur.

Parmi les *actifs* se trouvent des réfractaires à l'ennui. Nommons d'abord l'actif du type médiocre qui sera un simple, un automate entre les mains de ses chefs, ou le bon serviteur d'un métier machinal. Convaincu de son utilité sociale il aura des joies de rouage bien graissé; ou content de peu, il se fait à sa portée un bonheur facile; il n'a pas de « nerfs », il est sans remarque subtile; il ne songe pas à approfondir la pensée de l'ennui.

Voici ensuite l'actif d'énergie débordante, l'enragé d'action, le dévorant de vie. Il est le hardi coureur d'aventures, souple à tout rôle et fertile en transformations; le jouisseur de vaste appétit; le lutteur de toute endurance que rien ne découragera; optimiste, sûr de rebondir, soulevé par un entrain superbe, cet actif qu'on dirait invincible n'a point commerce avec l'ennui [1].

L'*apathique* qui a pour marque propre l'inertie est réfractaire à l'ennui, ou l'éprouve sans une claire conscience. Son consentement est acquis aux occupations monotones et insipides; sa passivité accommodante, sa torpeur native, son indifférence obtuse en font un être garanti contre les tourments fins [2].

L'*imaginatif* échappe à l'ennui par la grâce de ses

1. Tel était Cavour, type de ces actifs souriants et infatigables. On a dit de lui : « Cavour est d'une nature facile et opulente. Il est sanguin, bien portant, toujours prêt, infatigable... Son optimisme a quelque chose d'imperturbable... Il avait au plus haut degré ce qu'on peut appeler la faculté de vivre, faculté qu'il ne suffit point de prendre la peine de naître pour posséder, et qui consiste dans la multiplicité des aptitudes unie à l'activité du corps et de l'esprit... Il était de ces hommes privilégiés qui, loin d'avoir à porter la vie, sont toujours portés par elle. Aussi le fond de son humeur était-il un enjouement inépuisable qui se révélait par le ton plaisant qu'il donnait à la conversation, par son sourire aimable, par son rire facile et franc, par les éclats de sa voix, par une certaine façon piquante de présenter les choses, par sa bonne grâce à s'accommoder des gens et à se plier aux situations, par la célérité de ses allures, de ses gestes, par une manière devenue historique de se frotter les mains... Un jour qu'il avait passé trois ou quatre heures à écouter les requêtes et les longs projets de je ne sais quels pétitionnaires ennuyeux, comme je lui témoignais quelque compassion : — Moi, reprit-il, je ne m'ennuie jamais. » Scherer, *Etudes sur la littérature contemporaine*, t. II.

2. Taine affirme que le tempérament flegmatique est éminemment propre au travail et se trouve soustrait à l'ennui. Il écrit : « Il est deux circonstances (en Angleterre) qui allègent beaucoup le principal poids du travail moderne, je veux dire l'ennui. L'une est le tempérament flegmatique qui supprime les sursauts d'idées, l'improvisation, les petites émotions intervenantes, et permet à l'homme de fonctionner avec la régularité d'une machine. L'autre est le manque de délicatesse nerveuse, l'insensibilité acquise, l'habitude des sensations ternes, qui supprime en l'homme le besoin du plaisir vif et varié, et l'empêche de se révolter contre la monotonie de son ouvrage. » *Notes sur l'Angleterre*, p. 82.

créations et de ses rêves. C'est l'idéaliste qui s'enchante de ses songes[1]; ou l'artiste au génie fécond; c'est aussi le vaniteux gonflé de ses fanfaronnades; le mégalomane toujours fumant de projets ambitieux.

Le *sociable* prostitué qui fait ses délices de la foule, qui tend les mains à tout venant, ne nargue-t-il pas l'ennui? Un tel personnage trouve en tous lieux compagnie qui lui est bonne et ne prend pas le temps de rentrer en lui-même, pour s'y ennuyer. Dispersé et souple à plaisir, adroit à découvrir des contacts excitateurs, il ne logera point l'ennui dans son esprit furieusement banal et extériorisé.

Enfin tout agencement de nos facultés qui aboutit à un équilibre heureux nous assure une protection relative contre les tortures de l'ennui.

1. Renan, parlant du caractère breton, s'exprime ainsi : « L'ennui est chose inconnue à ces races; elles rêvent trop pour s'ennuyer. Ce que les autres appellent ainsi est pour elles délectation intime, soliloque dans l'infini. » *Pages détachées*, p. 18.

CHAPITRE V

L'ENNUI CHEZ LA FEMME

La femme connaît l'ennui en raison de l'indigence de sa nature et de l'infériorité de sa condition sociale; elle l'enfante à coups d'imagination quand elle ne se soumet pas aux lois d'airain de la réalité. L'ennui lui est immanent, organique, se trouvant inclus dans la pauvreté essentielle de ses sensations, dans l'incertitude de ses mouvements mal coordonnés ; mais elle échappe à ses souffrances trop vives, grâce à sa résignation au sort et à l'insouciance providentielle de son être léger.

1. La femme souffre d'une impuissance native et elle est tenue de vivre subordonnée. Sa faiblesse lui interdit les risques et les profits d'une existence compliquée, la détourne des aventures qui seraient glorieuses; ses sens sont paresseux, son regard effleure ; elle n'atteint pas le sommet des idées, l'extrémité des émotions ; il manque à son esprit d'être riche et de jouir de lui-même en toute supériorité.

L'aveu de sa détresse ne lui coûte guère. En toutes

circonstances elle fait de pressants appels à l'aide d'autrui ; elle demande à tout venant de l'affection réchauffante, des compliments qui la remontent ; il faut qu'on lui souffle la foi, l'espérance et toutes les vertus; la force nécessaire lui fait défaut ; elle a le pressentiment des défaites qui l'attendent, et le découragement est la pose arrangée qu'elle adopte volontiers.

Faisant état des comparaisons incessantes qu'elle institue entre elle et son compagnon, elle s'estime outrageusement lésée. L'homme domine, il est roi, il a la possession réelle de l'univers ; la femme n'a qu'une royauté fictive; elle est l'esclave d'un triomphateur, un jouet dans les mains d'un maître ; dépendante, elle reçoit de lui sa subsistance quotidienne, et le superflu dont elle ne peut se passer. Et n'a-t-elle pas besoin aussi d'un guide qui verse abondamment sur sa tête des flots de paroles et d'idées? L'homme a la puissance effective, le génie conquérant ; il atteint son but ; il parvient à l'affranchissement. Attachée au char d'un vainqueur, haïssant celui qui la remorque, la femme vit dans l'ennui.

II. La femme trouve l'ennui dans l'humilité de sa condition. Peu de routes lui sont ouvertes ; il est peu de carrières où elle ait accès : s'annonce-t-elle supérieure? elle se heurte aux conventions qui entravent son sexe, et le martyre l'attend. Ses mouvements sont barrés ; elle ne saurait se dire libre ; elle n'est à son aise que dans son intérieur et elle établit son empire dans sa maison.

Elle est condamnée aux travaux du ménage et elle est la gardienne du foyer. Ce rôle est terne assurément, et il faut pour le soutenir sans impatience le sommeil de l'habitude ; la chose domestique à organiser chaque jour est une toile de Pénélope assommante à souhait ; c'est l'œuvre éphémère par excellence toujours à recommencer. Que de temps donné à l'accomplissement de ces besognes matérielles dont on ne lui sait pas gré ! que d'application ensevelie dans des tâches qui ne reluisent pas ! Enfermée dans un horizon rétréci, se consumant en efforts mal récompensés, la femme s'ennuie.

III. La femme découvre l'ennui dans son cœur. Elle est tout entière imagination, sensibilité, caprice, et, se confiant à des espoirs naïfs, la vie la malmène incessamment; brouillée avec le réel qui est abominable, elle bâtit des palais dans le chimérique ; elle n'aime ni le lieu où elle est, ni l'objet qui est sous sa main, ni la destinée qui est la sienne ; elle jette son anneau à l'inconnu ; ses désirs sont des vols d'hirondelles qui s'en vont vers les cieux lointains.

Elle tend à s'échapper d'elle-même, et elle se donne à la religion, refuge des cœurs gémissants ; à Dieu accueillant par son silence, qui se laisse adorer à merci. Les livres, la poésie, la musique, lui fournissent les mirages désirés. Mais l'amour est l'enchantement préféré, le songe qui l'accompagne jusqu'au déclin ; elle se venge de la réalité en lui opposant un monde qui n'est qu'à elle, où ne pénètre pas l'ennui.

IV. La femme veut qu'on l'amuse ! Son ennui est l'effet de sa pauvreté mentale, un état de détresse. Elle convie auprès d'elle tous les genres de société ; sociable à excès elle affine et assouplit sans relâche son sourire mondain ; elle cultive un peu dans tous les mondes des relations précieuses ; elle tient commerce de causeries, de privautés, de gentillesses, de grandes et petites amitiés.

Sa porte reste entre-bâillée, et souvent son cœur est grand ouvert ; elle sursaute de joie aux coups de sonnette, elle guette les pas dans l'escalier ; elle s'attarde au dehors et dans ses visites ; elle tire en longueur les conversations par peur de l'isolement où elle va rentrer. Elle a sa cour et s'assure une escorte, elle se crée des intimes par son affection prévenante et passionnée.

Oisive et imaginative, elle a un culte pour ceux qui la distraient ; elle tresse des couronnes de gloire aux artistes ou aux jongleurs qui l'ont ravie ; à tous ceux dont l'astre apparaît ; ses yeux brillent au brio du virtuose, aux prouesses du causeur, au bagout du charlatan ; elle est la servante de l'apôtre, la convulsionnaire touchante des religions naissantes et des prophètes enflammés.

Et elle a besoin de rire ! peu difficile alors, rien ne la met en joie comme les plaisanteries moins fines que désordonnées ; le pitre le plus hérissé de grelots, le plus fertile en grimaces a ses applaudissements. Et son rire est léger, jaillissant, naïf, incompressible, il nie le sérieux de la vie et veut conjurer sa face noire qui fait l'effroi de sa faiblesse; ou bien c'est un rire de vengeance, strident, spasmodique, jeté comme un défi et qui est un sanglot retourné.

V. L'ennui est le démon de la femme. Il la travaille continuellement ; il fait son humeur de chèvre, sa mobilité sautillante, sa couleur caméléon ; poupée qui danse aux ficelles de la mode elle revêt la livrée du jour et raffole du joujou nouveau ; ses toilettes sans cesse variées la renouvellent une heure, et son âme est le reflet irisé de ses costumes changeants, l'émanation voltigeante de ses atours, de sa chatoyante extériorité.

Elle sera curieuse jusqu'à l'indélicatesse, bavarde jusqu'à l'imprudence, agitée jusqu'à la folie. La situation humiliée qui est la sienne lui donne parfois un air de conspiration ; sa minorité irrévocable la tient dans un sourd agacement ; son malheur est d'être femme et cette pensée la dresse en ennemie de l'homme contre qui elle instruit des procès de jalousie, de haine, de méchanceté.

Il semble qu'elle soit déçue dans la volupté même et qu'elle doute de son plaisir jusque dans les bras de son amant. L'homme délire à sa vue, célèbre sa beauté, absorbe son charme comme une ivresse ; lorsqu'il prodigue à ce corps proclamé divin les caresses et les adorations, ses désirs éperdus l'étourdissent, ce sont ses sensations à lui qui le font dieu. Jouant un rôle stupide de table servie, la femme s'est ennuyée et elle songe à la vengeance ; elle a son tour quand elle bafoue sans pitié l'amant agenouillé qui l'implore, et qu'elle introduit dans l'amour ses caprices renversants.

VI. La femme ne se cabre pas contre l'ennui, elle le tolère. Il arrive qu'elle n'en a pas conscience et qu'elle ne le définit guère ; sa pensée ne pénètre pas au cœur des choses pour conclure : Tout est vide ! N'ayant ni plan ni programme, elle n'adresse pas à la fortune des sommations impérieuses, elle tire à la loterie son bonheur et fait son lot du hasard prochain. Elle a reçu l'éducation de la servitude, des grilles et des verrous ; les yeux demi-bandés elle accueille en sauveur le passant qui siffle sa chanson galante ; elle se coule et se fond avec tous les frissons de sa faiblesse dans la personnalité de l'homme qui lui demande de l'aimer.

Il est dans sa nature un trait prépondérant : la passivité. Pliante et malléable elle s'adapte aux pires circonstances ; elle endosse sans trop se faire prier sa déchéance même ; elle reçoit avec un sourire navrant les soufflets du malheur. Sa volonté vaut un désir d'enfant ; ses larmes sont bientôt séchées ; elle est exemptée du désespoir courant à l'abîme par son insouciance, sa légèreté.

Ses façons d'être sont fourrées de prudence, capitonnées d'égoïsme ; elle ne se prodigue pas, marche à la suite; elle tend à s'économiser par la paresse, l'art de se faire traîner; ce qui lui importe, c'est un abri sûr, la protection d'un cercle familier; enroulée sur elle-même, tombant à des habitudes endormies, sa torpeur est un lit de plumes, ne rien faire est sa sensualité; trouvant un refuge dans le repos, goûtant la volupté vague de l'engourdissement, sa vie est un ennui qui s'ignore.

VII. La femme voudrait sortir de son ennui séculaire : elle aspire à l'affranchissement, à l'entière disposition d'elle-même; elle se pose en rivale de l'homme détenteur de tous les privilèges; la reconnaissance de ses droits lui conférera, pense-t-elle, un suprême épanouissement.

Que ces aspirations sont vaines! que de risques à courir pour un gain douteux! Son pouvoir n'est-il pas dans sa faiblesse exquise, dans sa grâce désarmée? A-t-elle une autre vocation que la caresse et le baiser? A se transformer en amazone virilisée, en guerrière au visage dur, elle abdique son indéfinissable sortilège.

L'ennui, qui est la loi de sa nature, fait sa langueur ravissante, son âme grosse de chimères, l'énigme de son regard voilé; il est son secret diabolique, toujours à deviner. Et l'homme s'est exercé au langage fleuri, il a inventé le luxe, les arts de la paix, la gloire de la guerre, afin d'exorciser l'ennui de la femme.

CHAPITRE VI

L'ENNUI DANS SES FORMES OBJECTIVES

On n'en a jamais fini avec l'ennui! voilà qu'il nous vient du dehors, de l'atmosphère ambiante qui nous contrarie. Ennui accidentel, il ne mettra pas sur notre esprit une forte empreinte si nous n'y consentons pas. Un ennui de cette sorte se rencontre, à vrai dire, en toutes occasions où nos mouvements sont gênés, où notre pensée est contredite; il est presque de tous les instants, mais il est des formes objectives de l'ennui qui sont plus générales, et prévues, universellement agissantes, contraignantes; ce sont celles-là que nous voulons retenir afin d'ajouter quelques traits à notre étude : ainsi l'ennui des saisons, des heures du jour, du dimanche, etc., que nous allons exposer.

L'ENNUI DU « TEMPS QU'IL FAIT ». — Il y a un ennui du « temps qu'il fait », tel que chaque jour nous l'impose, avant même que nous ayons, le matin, ouvert notre fenêtre et reconnu l'aspect du ciel.

L'ennui du « temps qu'il fait » provient de notre

soumission forcée, tant physique que mentale, aux températures et à l'atmosphère enveloppante. L'homme est le serf du climat et du sol, le jouet lamentable des nuages et du vent ; il figure un thermomètre honteux, un baromètre risible.

Chaque jour il interroge en tremblant : Quel temps fait-il ? Il se conformera dans ses pensées et dans ses allures au temps de la journée. Être aux ordres des démons malins de l'air, dépendre dans son humeur de la pluie et du beau temps, est une de ces servitudes humiliantes qui font l'ennui pesant de la vie humaine.

L'ennui de l'hiver. — L'hiver a son ennui qui s'installe en nous à la faveur des états asthéniques engendrés par le froid et le défaut de lumière ; la mort de la nature a rétréci notre âme et notre activité, emporté nombre d'impressions qui nous réjouissaient ; et combien de joies abolies à cette heure nous seront rendues seulement par les beaux jours !

L'ennui de l'hiver est si pressant, que la société, d'un commun accord, a dû prendre contre lui des mesures : l'hiver sera la saison des fêtes mondaines, des réunions de famille, des dîners plantureux, des folies du carnaval. Et chacun de nous a sa défense personnelle contre les mois noirs : ce sont de jolis mouvements de vie intérieure où l'on retire en soi toute son âme ; c'est le goût du foyer ; le charme savouré des pièces closes ; ce sont toutes les ivresses qui peuvent tenir dans une chambre, qui sont de la « musique de chambre », l'amour, l'art, la méditation, la conversation, l'étude.

L'ENNUI DU PRINTEMPS. — L'ennui du printemps a pour acteur principal l'imagination, et il se montre ou disparaît au gré de cette faculté capricieuse. Le printemps! pour se griser de ses effluves, pour respirer avec transports les lilas et les roses, il faut être ivre de sa jeunesse, être un rêveur, un fou de poète.

L'ennui du printemps tient dans ce soupir :

> J'ai vu verdir les bois et j'ai tenté d'aimer.
> (ALFRED DE MUSSET.)

Qui a renoncé à l'aventure d'amour n'éprouve plus dans sa chair apaisée l'aiguillon douloureux du printemps, et, si la saison où la nature prépare ses fêtes le taquine et le trouble encore, la vie, en son prosaïsme puissant, lui fournira sans doute des préoccupations entraînantes qui le délivreront de ces malaises légers.

L'ENNUI DE L'ÉTÉ. — L'ennui de l'été a pour facteurs des états nettement dépressifs qui sont : l'accablement corporel provenant des températures torrides; l'épuisement nerveux dû à l'action prolongée de la lumière; le malaise indéfinissable qui accompagne les trop longues journées.

> Oh ! que la vie est longue aux longs jours de l'été,
> Et que le temps y pèse à mon cœur attristé !

Ainsi parle Sainte-Beuve dans ses *Poésies*[1].

Ajoutons que le décor de l'été offre ce caractère d'être *immobile*, et nous donne l'impression d'un arrêt du temps, alors que le printemps, l'automne sont des saisons en marche.

Mais l'ennui de l'été est avant tout un état d'âme. Il se résume dans une aspiration au bonheur aiguë et douloureuse, qui sort de notre cœur subitement gonflé à la vue de la saison éclatante, où le monde resplendit dans son éternelle beauté.

L'été invite, chante, sourit; il dénoue la chevelure des arbres et ouvre les routes de la terre; il dresse au-dessus de nos têtes des ciels radieux; il est un mirage qu'on ne peut saisir. Que de caresses dans l'air! que de parfums! que de murmures! Il nous plairait d'éprouver des sentiments prodigieux, de tenter une entreprise extraordinaire. Mais nous avons des fers aux pieds, et notre cœur est las de fleurir; des journées magnifiques passent dont nous ne faisons rien; se sentir frôlé par l'appel du bonheur et ne savoir où le prendre, retomber sur soi après des élans inutiles, tel est le drame intérieur qui fait l'ennui de l'été.

L'ennui de l'été a aussi ses causes sociales : dissolution de la vie urbaine; dislocation des groupes dont

1. La fatigue de la lumière estivale et des ciels lumineux est plus sensible encore dans les pays de soleil. Théophile Gautier a noté le fait dans ces vers :

> Produit des blancs reflets du sable
> Et du soleil toujours brillant,
> Nul ennui ne l'est comparable,
> Spleen lumineux de l'Orient !
>
> (*Émaux et Camées.*)

nous faisons partie ; ralentissement des activités professionnelles ; vacances générales ; exode universel.

Et on accueille septembre avec satisfaction, parce qu'il met fin à l'ennui de l'été.

L'ENNUI DE L'AUTOMNE ne saurait se prêter à une description spéciale ; il a les traits de la mélancolie ; il est une tristesse chère aux poètes. Un écrivain délicat a jugé cette saison comme il suit : « On pourrait dire qu'il y a presque autant d'automnes que de jours d'automne. Aucune saison n'a plus de caprices, de retours, de hâte, de lenteur, de colères et de caresses également mortelles. Ceux qui l'ont vécue à la campagne le savent, et ils savent aussi qu'elle est plus parlante que le printemps et que l'été, plus proche de nous, plus émouvante. Et le secret, c'est qu'elle est triste. Elle s'en va ; elle est encore la vie et elle passe ; on la plaint ; on l'aime pour sa splendeur fragile, pour l'histoire, toute pareille à la nôtre, qu'elle raconte. Elle est nuancée comme la peine, ce qu'on ne peut pas dire de nos joies[1]. »

L'ENNUI AU COURS DE LA JOURNÉE. — Quelles sont nos rencontres avec l'ennui au cours de la journée vécue dans les conditions ordinaires ? Examinons.

1. *L'ennui du matin.* — L'ennui du matin est un voile laissé sur nos facultés qui sortent lentement de

1. René Bazin.

l'engourdissement de la nuit; nous éprouvons dans notre humeur mal assise le retour incertain et saccadé de la force nerveuse; les enfants ont un réveil grognon; l'homme a un réveil gris; on envisage avec un dégoût nuancé le fardeau de la vie qui est à recharger sur nos épaules.

Il est des ruses pour prévenir l'ennui du matin : se lever d'un bond, donner de la voix dans son appartement, se mettre en train résolument, soi et son entourage; ou bien l'on recourt à des exercices de chambre qui raniment notre machine physique; ou l'on s'attarde au lit protecteur, on attend que d'autres, les plus vaillants, aient essuyé les frissons de l'aube et dessiné les premières lignes de la journée.

Et souvent la matinée paraît longue, parce qu'elle est le prélude d'une longue journée.

II. *L'ennui de l'après-midi.* — L'ennui de l'après-midi vient de la durée de cette portion du jour, incommensurable à notre impatience : ces heures planes donnent l'impression d'un arrêt de temps. L'après-midi manque de pente : elle figure un plateau, une mer lisse, un calme plat; il y a des moments où l'on n'avance plus et qui font penser à l'éternité. Nous sommes alors au plus fort de notre labeur professionnel, et cette besogne forcée, dont on ne peut s'évader, qui convertit chaque minute en effort, fait l'ennui des après-midi interminables.

Mais l'après-midi coule lentement aussi pour les oisifs qui ne savent où porter leurs pas, et elle remplit d'un sentiment étrange d'anxiété, de vide (*dæmon meridianus*), les rêveurs aux prises avec les obsessions de la pensée méditative. Amiel a rendu en ces termes l'ennui anxieux de l'après-midi : « De toutes les heures du jour, quand le temps est superbe, c'est l'après-midi, vers trois heures, que je trouve surtout redoutable. Jamais je ne sens plus qu'alors « le vide effrayant de la vie », l'anxiété intérieure et la soif douloureuse du bonheur. Cette torture de la lumière est un phénomène étrange. Le soleil, de même qu'il fait ressortir les taches d'un vêtement, les rides du visage et la décoloration de la chevelure, éclaire-t-il d'un jour inexorable les déchirures et les cicatrices du cœur? Donne-t-il honte d'être? En tout cas, l'heure éclatante peut inonder l'âme de tristesse, donner goût à la mort, au suicide et à l'anéantissement, ou à leur diminutif, l'étourdissement par la volupté[1]. »

Quel soupir d'aise quand vient le soir! quel changement à vue! les foules quittent leurs ateliers, leur bagne; les rues qui étaient désertes commencent à s'animer; les cafés se remplissent; l'alcool se montre, guérisseur de tous les maux; on se retourne avec colère contre cette journée qui a été si longue et qui vient de finir, et nous pensons que nous avons grand besoin de divertissement et de revanche.

III. *L'ennui du soir.* — L'ennui du soir a sa source

1. *Journal intime*, 31 mars 1873.

dans la fatigue du jour qui nous livre désarmés à l'assaut des pensées tristes, tandis qu'elle gâte les plaisirs douteux que nous allons chercher dans les ténèbres.

L'homme actuel doit gagner sa vie par de durs travaux et les soucis de la lutte le déchirent; il entend que sa journée laborieuse finisse d'une manière agréable. Il est des joies douces, à notre foyer; des veillées de famille d'un charme reposant. Beaucoup n'en veulent pas; il leur faut un peu de folie, la liberté des Saturnales, pour les venger de la journée maudite, et les voilà lancés dans l'ennui du soir.

Les plaisirs du soir courus au dehors sont troubles, fiévreux, malsains, corrupteurs; nous sommes dévêtus de notre costume officiel et la nuit est un loup de bal masqué qui autorise et absout tant de choses! l'imagination esquisse des convulsions désordonnées, l'ombre est cynique et fourmille de tentations redoutables.

> Voici le soir charmant, ami du criminel;
> Il vient comme un complice, à pas de loup; le ciel
> Se ferme lentement comme une grande alcôve,
> Et l'homme impatient se change en bête fauve [1].

La chasse aux distractions et aux jouissances, en ces heures délirantes où flambe l'orgie nocturne, est une course à l'abîme et à l'ennui [2].

L'ENNUI DU DIMANCHE. — L'ennui du dimanche procède

1. Baudelaire, *Le Crépuscule du soir*.
2. Le soir, le besoin d'affection et le besoin de société vont en augmentant, par suite de la fatigue de la journée, qui porte avec elle la tristesse et le désespoir. Les idées noires du soir sont produits des poisons de la fatigue.

de la rupture des habitudes de la semaine et de la recherche inquiète d'une joie d'exception qui sera notre « plaisir du dimanche ».

Le dimanche, qui rompt l'automatisme de nos travaux accoutumés, fait de nous des êtres désemparés; il s'annonce comme une journée sans programme, où nos pensées sortant de leurs voies ordinaires prendront des directions imprévues ; dès les premiers rayons de ce jour singulier se trahit dans nos mouvements une inquiétude gauche d'animal dételé qui flaire le vent et hésite sur sa route.

La semaine appartient à des obligations déterminées ; on marche dans le rang, on est calé par des brancards. Le dimanche nous met en liberté et pose dans notre esprit avec force points d'interrogation le problème du bonheur ; il nous contraint de lever la tête ; on se regarde plus longtemps dans son miroir ; on pousse une pointe vers les réflexions philosophiques et les idées générales.

L'idée de bonheur, l'idée de fête, retournée de cent façons, voilà la matière de l'ennui du dimanche. La foule dominicale est curieuse à observer : navrante, ou, si l'on veut, réjouissante. Il y a un joli moment, celui des projets, des départs, des ombrelles qui s'ouvrent, des cannes agitées ; mais il s'agit d'atteindre cette joie fuyante qu'on poursuit, que beaucoup iront trouver au plus près, dans les cabarets voisins; d'autres, après avoir forgé des plans compliqués, laissent tout tomber et font apparaître simplement leur désœuvrement mortel, un lugubre ennui. Songez maintenant aux querelles sans cause qui éclatent plus nombreuses que jamais ce jour-là, et qui viennent du dépit de ne point s'amuser !

Le soir du dimanche apporte avec lui sa délivrance : nous voilà quittes de nos pensées de fête et de notre air emprunté. Nous avons refait une fois de plus des songes de bonheur partis en fumée ; les rêveurs ont remué leurs souvenirs [1] ; le défilé des heureux, ou de ceux qu'on croit tels, a troublé les cœurs tristes et les envieux ; c'est pour tous un soulagement que la fin de cette journée vide.

Que faut-il faire pour parer à l'ennui du dimanche? Il n'est qu'à ne point vouloir transformer, coûte que coûte, cette journée terrible en journée de plaisir. Demeurons nous-mêmes ; ne sortons point trop de nos habitudes ; ignorons que c'est dimanche ; laissons les imprudents courir à la découverte instantanée du bonheur, et usons de ce jour de fête comme d'une musique lointaine qui berce vaguement nos pensées [2].

1. Le dimanche est pour nous le jour du souvenir.
(Sainte-Beuve, *Poésies.*)

2. Jules Vallès a écrit une *fantaisie* sur le dimanche ; nous en détachons ces lignes : « Combien est triste et banal ce voyage à travers cette foule épaisse, où se pressent, se mêlent et se heurtent les acteurs en vacance de la grande comédie humaine ! Pas une figure ne se détache en traits heureux sur le fond terne du tableau. Hier samedi, avant-hier, tous les autres jours enfin, les visages reflétaient les âmes, la lèvre était plissée, le pas rapide, le geste vif, le front inquiet, l'œil ardent. Aujourd'hui, le masque est tombé ; on ne voit que des têtes banales sur des épaules bien couvertes : sourires fades, airs béats. A demain, les affaires sérieuses, les physionomies éclairées au feu des passions sottes ou grandes, la cupidité, l'ambition, l'amour... » *Le Dimanche d'un jeune homme pauvre*, *Les Réfractaires.*

L'ENNUI DES BALS. — Il y a un ennui spécifique du bal qui est *classé* et qui est redouté, qui fait qu'on ne se rend plus au bal qu'avec défiance après vingt-cinq ans, ou qu'on y va pour d'autres motifs que le naïf amusement. L'ennui du bal vient de ce que ce genre de fête nous donne à goûter un plaisir composé d'artifices, sans substance, sans réalité.

Le bal vise à l'éblouissement : il rassemble en excès, pour l'ivresse des sens, diamants et parures qui étincellent, parfums et lumières, musique et champagne ; les danseurs tourbillonnent ; les yeux sourient ; les visages rayonnent dans l'air lumineux. Oui, mais tout cela n'est que la fantasmagorie d'un instant, sensations papillotantes. Le bal n'existe que pour un être jeune, sautant et valsant, pour une imagination capable d'impressions vives, d'exquises synthèses, et qui songe au *divin imprévu*. Plus tard ce spectacle brillant nous laisse froids, désenchantés.

En revanche, quel surmenage que cette parade convenue ! Quel contraste entre les pensées sévères qui occupent notre esprit et ces démonstrations provocantes de joie conventionnelle qui nous heurtent indiscrètement ! Étrangers à cet entrain vrai ou factice, il nous reste à éprouver les bousculades de la cohue harnachée et les effets asphyxiants d'une atmosphère étouffante.

L'ennui du bal est fait de fatigue, de l'incapacité où nous sommes de tirer à volonté un feu d'artifice dans notre pauvre cerveau; du sentiment de ce qu'il y a d'absurde dans ces vains efforts tendant au plaisir qui jugent l'impuissance et la misère foncière de notre nature[1].

L'ENNUI DES LIEUX. — Nous savons qu'il est des pays de beauté, et d'autres affligés de laideur. L'ennui des lieux existe, lié à des configurations extérieures, mais à moins d'évidence irrécusable (ennui des plaines, du désert, des lieux inhospitaliers, des villes sans grâce), il ne faut point se hâter de l'affirmer ; notre humeur privée en décide. L'influence de l'habitat sur le caractère des habitants est chose à la fois réelle et incertaine, difficile à préciser. Il est des bonheurs cachés dans les endroits où l'on s'ennuie, et des gens qui rient là où d'autres se désolent.

L'ennui qui vient du dehors est celui qu'on peut le plus aisément nier et dominer.

1. C'est dans un bal, revêtu d'un habit de gala, que Gavarni a placé son viveur morose rendu célèbre par la légende : « Un qui s'embête à mort ».

La gaieté des bals a de tout temps été contestée, témoin ces lignes de Sébastien Mercier dans son *Tableau de Paris* (1782): « Il régnait *autrefois* dans les bals une grosse gaieté; il n'y en a plus... On s'y ennuie; mais on y va pour dire le lendemain : « J'ai été au bal et j'ai manqué d'y étouffer ».

Et que le lecteur veuille bien se rappeler les plaisanteries légendaires sur l'ennui du bal de l'Opéra dont voici un écho : « Dès qu'un bruit éclate sur un point, tout le monde s'y précipite avec la vague espérance que c'est peut-être pour cet incident qui s'accomplit, qu'on se trouve être venu. De désappointements en découragements, cette réunion d'hommes honorables en arrive à concevoir les plus féroces exigences. De tous côtés on souhaite une bataille de femmes, des gifles entre clubmen, une mort subite, enfin n'importe quoi qui modifie la situation. » Paul Hervieu, *Le Bal de l'Opéra*.

CHAPITRE VII

L'ENNUI COMME FAIT ET COMME FONCTION

L'ennui mérite d'être envisagé dans ses rapports avec la vie sociale et individuelle : il est un fait et une fonction.

I

L'ENNUI COMME FAIT

L'ennui est un fait inéluctable comme la maladie qui vient à son heure ; comme la fatigue, revers de l'effort prolongé. Les habiles le prévoient : ils exploitent l'ennui des autres ; les sots tombent dans les pièges de l'ennui ; les sages apprivoisent le monstre, vivent en familiarité avec lui.

De tout temps l'ennui est entré en ligne de compte comme fait social. C'est pour combattre l'éternel ennui des foules qu'on leur propose des religions, des « politiques » ; qu'on les allèche par des mots sonores ; qu'on construit des théâtres, des établissements de plaisir ; qu'on ouvre d'innombrables cafés. Les gouvernements prennent des mesures pour distraire le peuple; ils allument des lampions, font alterner les délices de la paix et le tumulte de la guerre; ils tolèrent les vices, sans qui la terre serait inhabitable; ils sont indulgents aux passions qui servent de soupape à un incompressible ennui.

L'ennui est l'écueil de tous les instants dans la vie de chaque jour. Il règne dans les lieux où l'on s'amuse comme dans ceux où l'on travaille : fléau des écoles, des casernes, des ateliers; il est la terreur des entrepreneurs de spectacles qui ont à charge de retenir un public; il domine l'ordre du jour des assemblées, décide des incidents, de la durée des séances : il n'est pas de réunion si brillante, de conversation si animée, où l'on n'ait à craindre qu'il n'ait le dernier mot; visible ou invisible, partout présent, il est le problème de chaque heure à résoudre; nous sommes tenus de le combattre sous les mille formes qui le déguisent et où il transparaît.

Il est nombre de gens qui vivent de l'ennui des autres. Celui qui s'ennuie fait des signes de détresse; il s'accroche au passant; se montre généreux, donnant; ouvre sa porte toute grande; il introduit dans sa maison des fournées de parasites dont la bassesse le divertira; et chacun a ses familiers qui le réchauffent, qui vivent aux dépens de celui qu'ils amusent.

L'ennui use les résistances d'ordre varié qui s'opposent à la rencontre des sexes. Il est des femmes que notre désir sollicite en vain : patience! le temps est un grand corrupteur : il est l'ennui qui nous les donne. Oh! la pauvre victoire! l'ennui reprendra un jour ce qu'il nous a donné.

Il faut faire à l'ennui sa part. Forme et fond de l'existence, il a sa nécessité comme la monotonie ; il a ses droits comme la fatigue; il a sa place marquée dans la chaîne fermée de nos pensées, dans le retour circulaire de nos états d'âme; il est une phase prévue de toutes les situations. Cela étant, on acceptera sans protestations trop vives la lenteur et les recommencements des choses; on concédera à la vie sa morne platitude, aux sentiments qui sont le plus fonciers en nous, leurs moments d'éclipse, leurs retraits soudains; il sera bon de mettre des répits dans l'amitié, d'accorder des congés à l'amour, d'instituer les vacances du mariage; et nous laisserons dormir notre esprit ou notre cœur quand un besoin de repos les envahira.

Tolérons l'ennui tel que nous l'échangeons des uns aux autres. Chacun de nous est à son tour un fâcheux, l'ennuyeux de quelqu'un. Nous avons depuis longtemps raconté à qui veut l'entendre notre petite histoire, et il n'est personne qui ait de l'esprit tous les jours, qui émette sans discontinuer des paroles valant la peine d'être écoutées. On est pourtant tenu de se rencontrer, de nourrir des conversations oiseuses où l'ennui sévit cruellement. L'ennui nous chasse hors de notre logis et nous allons en leur demeure ennuyer les autres. Il fait partie de la fréquentation de tout individu; il est de commerce courant; on le reçoit, on le donne; on le tolère, on s'en accommode, à titre de réciprocité, chacun figurant à tour de rôle la victime et le bourreau.

II

L'ENNUI COMME FONCTION

L'ennui peut être envisagé comme une fonction, c'est-à-dire comme un des modes de notre vie mentale ; comparable à la douleur et normal au même degré qu'elle. On peut donc tirer parti de l'ennui : voyons son rôle dans notre existence et son utilité.

Et d'abord l'ennui est une des lois de la vie. La vie, dominée par la monotonie et par la fatigue, se meut dans l'ennui. Avoir l'expérience de la vie, c'est faire la part de l'ennui, du gris nécessaire, des lenteurs inévitables; c'est apprendre à regarder le monde sans vaine illusion, sans folle espérance.

L'ennui est la condition du travail. Le travail qui nous spécialise, qui accapare le meilleur de notre force nerveuse, est une forme de l'ennui. Qui travaille se met des œillères, mène une vie de cheval de meule. Il n'y a de bons travailleurs que ceux qui savent s'ennuyer indéfiniment. La meilleure préparation à une vie toute de labeur est l'habitude de l'ennui. Il est bon de la tenir de naissance. Naître de parents peu fortunés, avoir eu une enfance sans joie, une jeunesse gênée, sevrée de plaisirs, voilà pour former les travailleurs durs à la peine, qui arrivent à leurs fins, parce qu'ils consentent à s'ennuyer sans se plaindre, naturellement. Ils découvriront la vie fort tard, la vie variée, libre, jardin de voluptés, forêt de caresses. Mais il n'y a de travail réussi, d'œuvre menée à bien que si l'on s'est de bonne heure enfermé dans l'ennui[1].

L'ennui est la condition de l'ambition. Il y a ambition proprement dite quand on forge un rêve gros d'aléas, situé sur les confins de l'impossible. L'ambitieux ne sait pas au juste quelle est sa force : c'est à coups de volonté qu'il s'est juré de parvenir. Il va, sans rien voir autour de lui, les yeux fixés sur son but qui est à grande distance; il ne veut connaître aucune joie avant la joie unique de son triomphe. Il joue gros jeu, car il sacrifie les biens palpables de ce monde et les douceurs prochaines à un lointain mirage. S'il manque son but, il s'écriera : Quelle vie manquée! Il n'a en effet joui de rien. Joueur téméraire qui vise un gain fantastique, pour prix de sa victoire, il vend son âme à l'ennui.

L'ennui enferme une philosophie. Il est une critique de la vie considérée dans sa vanité et son néant; il est la bonté, puisque tout est frivole; l'adieu dit aux passions, puisque tout est vain. Qui a connu à l'ennui

1. Renan, grand laborieux, compte parmi ses vertus la capacité de s'ennuyer qu'il énumère à sa place: « La capacité indéfinie que j'ai de m'ennuyer, venant peut-être d'une inoculation d'ennui tellement forte en ma jeunesse, que j'y suis devenu réfractaire pour le reste de ma vie. » *Souvenirs d'enfance et de jeunesse*, p. 316.

renonce à l'action inutile, à l'effort fatigant; on passe ses idées au fil d'un scepticisme tranchant; on s'en tient à des habitudes de tout repos, dont on a l'expérience. L'ennui reconnu comme loi de la vie devient résignation, contentement de peu, acceptation reconnaissante des bonheurs négatifs; il est le goût du chez soi, un maître de l'introspection, une introduction à la vie intérieure; lentille grossissante qui révèle les infiniment petits, il enseigne au croyant le scrupule, au savant l'observation patiente, au penseur la subtilité; promu au rang d'une attitude intellectuelle, il est le pessimisme qui ricane, ou un idéalisme souffrant.

L'ennui nous fournit une attitude. Celui qui est parvenu à l'ennui regarde de haut un monde qui ne l'intéresse plus. Son âme est lasse, et il est exigeant en fait d'amitié; déconcertant dans le choix de ses amours; il sait ce que toutes choses valent, et il peut se passer d'à peu près tout. Il semble que sa vie soit achevée et désormais sans changement possible. Dédaigneux des hommes, les redoutant pour leur sottise, il est d'un abord difficile; il se défend par sa verve satirique, se fait craindre par la mauvaise humeur; on l'ennuie, on l'assomme; il sait d'avance tout ce qu'on peut lui dire. Il ne fait grâce qu'à l'imprévu amusant ou à l'originalité saisissante. Riche de ses dégoûts, apaisé par sa fatigue, il affecte un dédain prodigieux, l'impassibilité du sage.

L'ennui nous fournit des états d'âme. Il est repliement sur soi, entretien de l'âme avec elle-même, propension à l'analyse[1]; et encore : passivité réceptive, démission de la personnalité. L'esprit est changé en miroir; on subit le monde au lieu de le créer. — Il désagrège l'esprit qui souffre, le remplit d'idées délirantes, de rêves fumeux; il nous conduit au bord de la folie, aux approches du suicide. Il nous incite à des coups hardis, à des tentatives désespérées; on fait des sauts hors de la raison, on explore l'extrême et le pire; il nous suggère des vices abominables, des pssions effrontées; il est la curiosité du précipice, le vertige de l'abîme.

L'ennui réalise une économie de nos forces. Il met un voile sur nos facultés; il prend les formes du renoncement et de la sagesse; il a pour terme l'abdication du désir; il est souci de toutes les tempérances, goût de l'ombre, ensevelissement dans la retraite, abri cherché dans la médiocrité; somnolence aux paupières mi-closes, langueur acceptée, resserrement du cœur avare, il est facteur de santé, de longévité; gardien de l'individu, conservateur de l'espèce. — L'ennui est la prudence qui se tient sur ses gardes, le recueillement prolongé; il est, comme le sommeil, un accumulateur d'énergie; il nous donne à jouer avec des niaiseries et des rêves. De même qu'on mêle de l'eau au vin, il est bon de mêler de l'ennui à ses actions, ou, si l'on veut, de l'indolence, de la paresse, afin de ne pas trop se dépenser; on éteint son regard, on modère le feu de

1. L'ennui a produit l'*Imitation de Jésus-Christ*, livre de détachement, narcotique spirituel bon pour endormir le mal de vivre.

son esprit, on accomplit son métier à petite allure; l'ennui est un scepticisme qui boude et qui nous sauve, la réserve de l'avenir[1].

L'ennui est l'équivalent du repos. S'ennuyer, c'est cesser d'agir, se laisser gagner par une torpeur; la roue intérieure semble ne plus tourner; notre vie est une lampe baissée ; acceptons cet affaissement passager et il deviendra un repos bienfaisant. La vitalité limitée dont nous disposons a ses éclipses périodiques; notre esprit, ses *rallentendo* attendus ; exigerons-nous de nos pensées une saillie constante et qu'elles jettent perpétuellement des feux de pierres précieuses? Il est nombre d'actes qui sont de l'ennui bien compris : promenades volontairement insipides commandées par l'hygiène; désœuvrement adroitement entretenu; conversations vides qui nous délassent; jeux d'adresse et de hasard, jeux innocents, jeux de société, qui font passer le temps sans appuyer; cures de repos, cures de hamac ou de chaise longue; villégiatures indolentes; voyages en mer où l'on est bercé. L'ennui, dépression après l'excitation, réaction après l'action, peut être

1. L'ennui, économie de forces : cette idée trouve une confirmation dans ces lignes de Nietzsche : « Pour le penseur et pour l'esprit inventif, l'ennui est ce « calme plat » de l'âme qui précède la course heureuse et les vents joyeux; il leur faut le supporter, en *attendre* l'effet à part eux : — c'est cela précisément que les natures moindres n'arrivent absolument pas à obtenir d'elles-mêmes ! Chasser l'ennui de n'importe quelle façon, cela est vulgaire, tout comme le travail sans plaisir est vulgaire. Les Asiatiques se distinguent peut-être en cela des Européens qu'ils sont capables d'un repos plus long et plus profond que ceux-ci: leurs narcotiques même agissent plus lentement et exigent de la patience, à l'encontre de l'insupportable soudaineté de ce poison européen, l'alcool. » *Le Gai Savoir*, p. 86; trad. Henri Albert.

considéré comme une pause vitale, comme l'entr'acte obligé où l'attention se détend; en soi il n'est pas le repos parfait et souhaité, mais nous le ferons tel, et le repos pur et simple est déjà une des formes appréciables du bonheur.

CHAPITRE VIII

L'ENNUI MODERNE

L'ennui est un mal de tous les temps; mais les maladies ont leurs époques, et on s'entend pour affirmer que l'ennui a pris un développement singulier en ces deux derniers siècles : il y a lieu de décrire un ennui moderne.

Quels seront ses traits caractéristiques? Nous en retiendrons deux : 1° l'ennui est devenu conscient, et il aggrave par la réflexion ses douleurs propres; 2° il tend vers le désespoir et il en a les agissements[1].

L'ennui que nous disons moderne a ses causes générales et profondes dans le progrès de l'esprit critique : il est le produit de l'analyse qui dissout les illusions

1. Avant qu'il devint l'ennui moderne, l'ennui n'était point perçu par la conscience intellectuelle, mais par la conscience affective; « c'est la conscience qui n'est pas conscience d'une idée, qui n'est pas conscience d'un sentiment, qui est conscience d'un *état de sensibilité*, conscience d'un certain bien-être diffus, d'une certaine tristesse diffuse, conscience d'une peur sans objet, conscience d'une irritabilité sans objet, conscience d'un état de fatigue, conscience d'un état dispos, etc. ». Emile Faguet, *Annales politiques et littéraires*, 27 mars 1910. Article sur les *Problèmes de psychologie affective*, par M. Th. Ribot.

bienfaisantes; du scepticisme qui réduit tout en poussière.

L'homme des temps passés était naturellement croyant ; il se sentait faible ; il avait peur; à ses lèvres montaient sans arrêt des implorations et des prières ; pour lui porter secours, il n'y avait jamais assez de dieux et de saints ; il jugeait sa vie misérable et comptait sur les compensations de l'éternité ; son espoir remontant et invincible l'empêchait d'être complètement malheureux.

Mais une autre manière de voir a prévalu qui a mis fin à ces conceptions fantastiques, encore que consolantes; l'imagination qui construisait le monde à sa guise, en se jouant, a dû battre en retraite devant la science dont les méthodes sont plus sérieuses. Après combien d'efforts pour les défendre, pour en sauver les morceaux, il a fallu liquider les dieux et renoncer aussi à Dieu ! L'homme de notre temps, dès sa naissance, épouse la mort ; il a compris que son néant individuel ne faisait qu'un avec l'universel néant.

La nouvelle la plus effrayante qui ait jamais couru à travers les âges est celle de la mort de Dieu. Dieu est mort! Les pères qui s'en doutent osent à peine l'annoncer à leurs enfants : « Où est Dieu, crie le personnage que fait parler Nietzsche, je veux vous le dire ! *Nous l'avons tué*, — vous et moi! Nous tous nous sommes ses meurtriers! Mais comment avons-nous fait cela? Comment avons-nous pu boire l'Océan? Qui nous a donné l'éponge avec laquelle nous avons effacé tout l'horizon ? Qu'avons-nous fait en détachant cette terre de son soleil ? Où va-t-elle maintenant ? Où allons-nous ? Loin de tous les soleils ? Ne tombons-nous pas, à présent, d'une chute ininterrompue ? En arrière, de côté, en avant, de tous les côtés ? Y a-t-il encore un haut et un bas ? N'errons-nous pas à travers un néant infini ? Ne sentons-nous pas le souffle de l'immensité vide ? Ne fait-il pas plus froid ? La nuit ne se fait-elle pas toujours plus noire ? Ne faut-il pas allumer des lanternes en plein midi ? N'entendez-vous pas déjà le bruit des fossoyeurs qui portent Dieu en terre ? Ne sentez-vous pas déjà l'odeur de la pourriture de Dieu ? — car les Dieux aussi pourrissent ! Dieu est mort ! Dieu restera mort ! Et nous l'avons tué[1] !... »

Oui, quel désert que la terre, s'il n'y a plus de Dieu, et qu'y faisons-nous ? Dieu ! voilà le mot qui nous rassurait et remplissait l'air d'une musique invisible[2].

Le christianisme administrait le divin, avec quelle poésie, on le sait, quels éclats d'éloquence, avec le cliquetis argentin de ses encensoirs parfumés ! Il a reculé sous les coups de la science, qui le traite de fable[3], emportant d'adorables cantiques et de merveilleux enchantements ; il meublait notre vie avec ses pratiques et ses « objets de piété » ; il fournissait tant bien que mal des réponses à nos questions ; nos actes qu'il ordonnait avaient un sens ; nos moindres gestes,

1. *Le Gai Savoir*.
2. « La vie devient chose frivole si elle n'implique des relations éternelles. » (Scherer.)
3. A mesure que la science engraisse, l'idée de Dieu maigrit.

une dignité. « Comme un cercle enchanté, le catholicisme embrasse la vie entière avec tant de force, que, quand on en est privé, tout semble fade », a dit Renan[1].

Le départ de Dieu, la dissolution de la foi, voilà les raisons un peu générales, mais vraies de l'ennui moderne. Il naît, cet ennui, au dix-huitième siècle, au moment où les dogmes fléchissent. Une incroyance générale envahit les âmes, qui semble l'avant-courière de la fin du monde. « Ce mal incurable de l'ennui, dit Scherer[2], le dix-huitième siècle le porte partout. C'est là son fond, j'allais dire son principe. C'est par là que s'expliquent ses agitations, ses dégoûts, ses tristesses cachées, l'audace de ses vices. Il flotte sans trouver à quoi s'attacher. Il se prend à tout pour retomber toujours dans un désenchantement plus profond. Chacun des fruits auxquels il mord lui laisse un goût de cendres plus amer. Il se donne des secousses, et il ne parvient pas à se sentir vivre. Il est triste, triste comme la mort, et il n'a pas même la grandeur de la mélancolie. Tout ne lui est plus qu'un spectacle, lui-même il se regarde vivre, et ce spectacle a cessé de l'intéresser. Lassitude, aridité intérieure, prostration de toutes les forces de la vie, voilà à quoi il en est venu... »

Que veut la Révolution? Faire descendre le ciel sur la terre, distribuer le bonheur à tous les êtres. Elle échouera, et le siècle suivant qui héritera de sa fièvre proclamera sa banqueroute.

1. *Souvenirs d'enfance et de jeunesse*, p. 330.
2. *Études sur la littérature contemporaine*, t. II.

L'ennui grandit au dix-neuvième siècle; il devient le « mal du siècle[1] ». Tous en sont atteints. Les poètes l'expriment dans leurs chants désespérés; les philosophes le traduisent en systèmes sombres, en démonstrations d'un effet saisissant; la foule le vit obscurément, douloureusement.

L'esprit critique qui a détruit Dieu a poursuivi ses conquêtes. Que pèsent désormais les chimères enfantées par notre pauvre cœur? Rien d'absolu n'existe, s'il n'est pas de répondant immortel. Tout se ramène à un phénoménisme décevant et fuyant. L'amour, l'amitié, les affections, la vertu, l'honnêteté, l'honneur, ces choses sont un moment, mais nul ne peut répondre de leur durée. La seule vérité admise, le seul appui qui ne cède pas est en nous, et c'est l'égoïsme[2].

Cette foi nouvelle est triste. L'homme vaut en proportion de ses illusions : elles sont sa force impulsive. On ne s'emploie joyeusement que pour ce qu'on aime. Nous n'avons plus de goût à aimer les autres, et, d'autre part, notre égoïsme qui se tient sur ses gardes revêt un aspect glacial. La maladie de l'âme moderne à jamais désenchantée, c'est le froid, le nihilisme, l'ennui[3].

Il s'agit, en fait, d'un phénomène d'épuisement,

1. Voir le bel article de M. Brunetière sur « Le Mal du siècle », *Revue des Deux Mondes*, 15 septembre 1880.

2. La vérité, c'est le désespoir, c'est la solitude, c'est l'égoïsme, c'est le *carpe diem*.

3. L'idée du néant de tout est appelée à progresser sans cesse, et en raison même du progrès de la faculté d'abstraire.

moral et aussi physique[1], et ceux qui conduisent le chœur des désespérés sont à ranger, nous l'avons vu, parmi les épuisés. Qualifié pour ce rôle, Musset fut à son jour, pour le monde présent, un messager de mort :

> La terre est aussi vieille, aussi dégénérée,
> Elle branle une tête aussi désespérée,
> Que lorsque Jean parut sur le sable des mers...
> Les jours sont revenus de Claude et de Tibère,
> Mais l'espérance humaine est lasse d'être mère
> Et, le sein tout meurtri d'avoir tant allaité,
> Elle fait son repos de sa stérilité[2].

Quels sont les signes qui nous révèlent l'ennui du monde moderne ? Signalons d'abord la lassitude et comme la démission de la faculté inventive par excellence et proprement créatrice : l'imagination. Elle ne saurait périr, mais elle se déprend de son domaine, l'imaginaire, et se confine dans le réel ; elle subit le contrôle de la raison. Elle opérait dans le suprasensible, promenait sa fantaisie à travers le ciel et la terre ; elle n'est plus aujourd'hui qu'une doublure de la mémoire, une servante des sens. Après avoir été un imaginatif effréné, l'homme devient un plat réaliste. Être réaliste, — dans l'ordre moral, — c'est donner congé aux chimères, et, par voie de conséquence, se défier du

1. Sur le fait physiologique de l'épuisement contemporain, voir Max Nordau, *Dégénérescence*, Ier volume.

2. « Le mal de ce siècle, Musset l'appelait nettement l'épuisement moral. Personne autant que lui n'a été frappé d'un certain stigmate de stérilité, ou, si vous l'aimez mieux, de sécheresse inféconde, qui, en effet, a caractérisé dès l'origine nos sociétés renouvelées, et qui, loin de diminuer, est allé au contraire s'aggravant toujours de période en période... » Montégut, « Esquisses littéraires : Alfred de Musset », *Revue des Deux Mondes*, 15 juin 1881.

cœur; c'est tabler sur le tangible seulement, et le substantiel; on s'applique à se connaître soi-même jusqu'au dégoût ; on déchiffre les autres jusqu'à ce que leur face hideuse nous apparaisse ; on tient la vie pour le triomphe des cyniques et la gloire des scélérats : tour à tour farce grotesque et enchaînement d'assassinats. Le réalisme enregistre la mort des dieux au ciel et la fin des illusions sur la terre : il est le désabusement, il prend la figure de l'ennui.

Cette vue des choses est décourageante : comment lui échapperons-nous? Ce monde qui succombe à l'horreur de vivre demande l'oubli à la jouissance.

Quand l'ennui mène au plaisir il lui donne sa marque, et c'est la brutalité de qui s'assouvit, la rage de qui se venge, les convulsions et le sadisme de l'épuisé. Ces traits s'accusent dans les plaisirs du jour où nous exigeons un extrême atteint, l'outrance, où nous tirons nos joies les plus sûres de la sensation toute crue.

Au temps où les valeurs d'imagination régnaient, on accordait davantage à la vanité, au paraître : aujourd'hui ce sont les sens qui sont les pourvoyeurs de nos ivresses. Débarrassé de ses mensonges, et un peu de son accompagnement sentimental, l'amour est devenu fête charnelle ; il est promu souverain bien ; réduit à l'ébranlement de la chair, à la minute de diamant qu'aucun scepticisme ne peut entamer, il représente la jouissance inattaquable, la sensation absolue. Le corps de la femme, où nous avons logé l'infini, remplace les paradis perdus : et on le lui fait bien voir.

L'entraînement vers la volupté a pris un caractère irrésistible. L'être qui souffre et que le sort maltraite est celui qui a le plus besoin de jouir. Répondant à nos appels, on voit s'étendre démesurément le monde de la prostitution et grossir l'armée des filles. L'homme actuel que le désespoir envahit s'est pris de tendresse pour la prostituée, amie de tous, pour ces créatures complaisantes qui sont en situation de lui donner sur l'instant la plus forte jouissance dont il soit susceptible. Entre lui et sa compagne d'une heure, élue pour un échange convenu de caresses précises, il est d'indéniables affinités : ils ont tous deux même nausée de la vie, ils sont également à l'aise dans la débauche; c'est le même désespoir secret que réjouit l'ordure et qui trouve une chaleur dans l'obscénité.

Produit d'un nihilisme moral jusque-là sans exemple est apparu ce type qui devient légion, le *jouisseur*. Son fond, c'est le sentiment que la vie n'est pas sérieuse. Il fut de tout temps des hommes de plaisir : ils cueillaient la joie d'une main légère. Le jouisseur des temps nouveaux est conscient jusqu'à l'obsession du but qu'il poursuit ; il veut son compte de voluptés pour être indemnisé de sa faillite intérieure. Il élargit aussi ses expériences ; il va loin dans son champ d'action, et quand il risque sa vie pour une sensation rare, sa coquetterie de beau joueur a raison. Mais comme son système est fragile! il porte dans ses plaisirs un souci d'intensité et de perfection qui le tourmente; il est tenu d'enfler jusqu'au paroxysme ces jouissances fugitives, tirées de la sensation, et qui ne sont qu'un éclair ; qui sont pourtant tout son avoir, la monnaie du Dieu qui n'est plus, sa part du divin. — L'usure de son corps l'effraie, trésor qui se vide ; la pensée du néant qui le presse de jouir fait sa désolation. Le jouisseur était parti de l'ennui : il y revient, après avoir parcouru en vain le cercle étroit des joies terrestres[1].

Dans l'ordre des faits sociaux nous relevons ce même besoin de jouir et de s'étourdir. L'idée du bonheur s'est démocratisée : de là une explosion de toutes les ambitions, un désir furieux de s'élever, de parvenir. Sortir des rangs inférieurs, c'est avoir accès aux joies des puissants, se produire avec un rire plus large, c'est dominer la vie et y parader gonflé d'un orgueil indicible. On souffre d'être pauvre, obscur, depuis que les barrières entre les classes ont été abais-

1. Traitant de la transformation du *désir*, M. Melchior de Vogüé s'exprime ainsi dans son Étude sur Chateaubriand : « Tant que la foi fut vive et entière, on n'imagina point les tourments d'un René; il n'y avait pas exaspération des grands désirs terrestres, mais transport de ces désirs aux choses éternelles ; on n'eût pas osé concevoir alors une commune mesure entre les joies rêvées au ciel et celles que l'on continuait à chercher dans la créature. Les plus violentes passions connaissaient leur égarement et la limite de leur bonheur; elles ne prétendaient pas anticiper sur la félicité infinie... Cependant le temps arrive où la foi vacille et s'évanouit dans un grand nombre d'âmes; le ciel chrétien s'est fermé. Ces âmes ramènent sur la terre l'immense désir tiré là-haut depuis tant de siècles; mais elles l'y ramènent altéré à jamais des biens inouïs qu'on lui avait promis, réduit à chercher dans le fini de quoi combler l'attente accoutumée de l'infini. Alors apparaît la terrible disproportion entre des satisfactions qui ne se sont pas accrues depuis l'antiquité païenne et un désir démesurément grandi depuis lors. Les bannis ne peuvent oublier le paradis perdu, ils le cherchent dans le champ des ronces. » *Heures d'histoire*, p. 80, 81.

sées et que la comparaison s'exerce ; on s'ennuie dans les sous-sols de la société, après qu'ont disparu la résignation, l'espérance, la foi en la Providence qui était chargée de tout réparer[1].

La chasse à l'argent révèle une âpreté incroyable et naïve, car enfin l'argent n'est qu'un moyen, et non un but. Mais là, comme en toutes choses, l'imbécillité humaine éclate. Comment se contenter d'une vie simple, d'un bonheur modeste, quand les clameurs des triomphants retentissent sous nos fenêtres, et que la cavalcade des rois du jour fait son tapage dans notre esprit? L'argent, d'ailleurs, est un serviteur précieux qui protège notre paresse et vient au secours de notre épuisement.

L'ennui moderne, disons-nous, est à fond de désespoir : sourde ou aiguë la douleur est constante et elle appelle des soulagements ; de là le succès de ces poisons séduisants, moitié excitants, moitié narcotiques, dont le plus répandu est l'alcool. — Connaître qu'on travaille à la destruction de soi, qu'on va à la mort prématurée, du jour où l'on demande à l'alcool de délicieux vertiges, et préférer à la vie devenue odieuse cet empoisonnement assuré, n'est-ce pas un signe de

1. « Faire son chemin, avancer, parvenir, telle est maintenant la pensée qui domine dans l'esprit des hommes. Avant 1789, elle n'y était pas souveraine, elle y rencontrait des rivales, elle ne s'était développée qu'à demi, elle n'avait pu plonger ses racines à fond, accaparer tout le travail de l'imagination, absorber la volonté, occuper l'âme entière ; c'est que l'air et l'aliment lui manquaient... Circonscrite et resserrée, la vie était alors plus agréable qu'aujourd'hui ; les âmes moins troublées et moins tendues, moins fatiguées et moins endolories, étaient plus saines. » Taine, *Le Régime moderne*, t. I, p. 311-314.

désespoir et d'ennui? L'alcool relève les fronts affaissés; son pouvoir n'est que d'un instant; mais comme il transfigure notre existence! il verse ses flammes dans notre sang et nous redresse par sa vertu convulsivante; il fait lever des mirages dans l'imagination dépeuplée et nous donne le sentiment d'une vie accrue; sa magie vient en remplacement des dieux, des fées, des lutins, de toutes les mythologies disparues. Froide, concertée, point démonstrative, intérieure, l'ivresse actuelle a son caractère particulier : on n'y cherche point la joie, mais l'anéantissement de la pensée rongeuse, l'effacement momentané de l'ennui[1].

Il est des palliatifs de l'ennui réservés à quelques-uns, ainsi la morphine; d'autres sont d'un usage universel, par exemple le tabac. Le tabac donne à jouer à nos doigts et nous occupe; nous voulons surtout qu'il nous grise; il semble qu'il remplit notre tête vide, et son arome subtil intéresse délicatement notre sensualité ; il tempère nos ardeurs importunes, et c'est un lit de roses qu'un bon cigare. Sa fumée est un symbole : voile jeté sur la vie et nuage dont on s'enveloppe, il se trouve qu'elle estompe les contours de fer de la réalité.

L'ennui, par des traits multipliés, se trahit dans les

1. Nous insistons sur l'augmentation effrayante de la consommation de l'alcool comme signe criant de désespoir. Pauvre humanité ! Il est dommage que Schopenhauer soit mort trop tôt pour assister à l'invasion de l'alcoolisme : il eût trouvé dans ce spectacle répugnant une raison de plus de mépriser les hommes.

mœurs du jour. Il est sensible dans notre façon de vivre exaspérée, trépidante, déréglée, affolée. Il n'est pas de félicité durable, nous en sommes persuadés; un train de vie uniforme nous semble le contraire du bonheur; aussi que d'agitations! L'ennui nous traque partout où nous sommes; il nous chasse de la maison où nous venons de nous installer, de la ville que nous habitons, du fauteuil où nous sommes assis. Nous rêvons d'essayer tous les modes d'existence possibles, de tenir l'un après l'autre tous les rôles de la comédie afin de nous amuser davantage et d'en avoir pour notre compte. Vêtues d'un habit d'arlequin, nos journées sont de petites folles; chaque heure a son visage individualisé et l'ensemble est heurté, discordant; on dirait un défilé de masques, une procession de carnaval.

La figure de nos sociétés change à vue d'œil. Aujourd'hui ignore hier. Comme les modes, les usages vont vite! Partout règne un désir maladif de tout expérimenter : où allons-nous? où est l'unité de notre moi composite, ouvert à toutes les influences? Qu'est-ce qui est vrai, qu'est-ce qui donne le bonheur, est-ce le travail ou le plaisir? Ce monde, qui a nié l'absolu, court après l'ombre des choses.

Tous sceptiques, tous pourvus de sarcasmes défensifs, d'ironie dédaigneuse, nous sommes vis-à-vis les uns des autres des ennemis irrités. Qui nous amusera? Qui nous distraira de notre pensée triste jusqu'à la mort? Il faut signaler d'autre part un courant prononcé vers la douceur, parce qu'elle est une volupté un besoin d'affection grandissant et bientôt maladif, une recherche bêlante des émotions tendres et des caresses. Nous avons découvert l'enfant, être de poésie et de grâce, fantaisiste effréné qui nous émerveille, toujours imprévu, extraordinaire, et on se dispute son cœur. Nous avons surtout approfondi la femme, et les litanies dont on l'enguirlande se sont prodigieusement allongées. La demande obstinée que nous lui redisons est d'endormir notre douleur, de nous guérir de nos tristesses. L'art cultivé avec une dévotion fervente est conçu comme la plus haute forme de la volupté et l'entrée dans un autre monde.

Toutefois la colère l'emporte. La misère avérée de notre sort nous rend fous furieux. Un ricanement amer court de bouche en bouche qui dénonce le supplice de vivre, victimes d'on ne sait quel hasard aveugle et fou. Il souffle un vent qui glace, de défiance, d'égoïsme, de méchanceté. Chacun est effrayé de sa solitude et on meurt inconnu. On ne croit plus à rien : comment ne pas mépriser l'humanité à jamais vile? Notre ennui se distrait par des plaisanteries lugubres, des farces macabres de détraqué.

L'ennui moderne, conscient, médité, philosophique, se ramène à l'horreur d'exister marquée en traits douloureux sur la figure de l'homme du jour qui voit s'évanouir une à une toutes ses espérances. Les signes dominants qui l'expriment sont l'enflure du désir aux assouvissements cyniques, la ruée vers la débauche, l'ambition démesurée, l'ironie satanique, le désespoir ricanant[1].

1. Alexandre Dumas fils, sur la fin de sa vie, entretenait les réflexions les plus sombres ; il écrivait notamment ceci : « L'homme harcelé par tous les problèmes moraux et sociaux qui se dressent devant lui, n'a plus qu'une idée : leur échapper, s'étourdir... S'il n'a pas quelque grand idéal comme l'illusion religieuse, l'amour de la science, la folie de l'art, la passion de la charité, une de ces ivresses de l'âme, il redescend dans l'instinct, il se met à vivre au jour le jour et il fait appel à la sensation immédiate, basse, mais assurée. Elle le tuera peut-être, mais qu'est-ce qui ne tue pas? Va donc pour le jeu, la débauche, le libertinage, et que les vapeurs du vin et la fumée du tabac lui voilent les trois mots de la salle du festin dont tant de convives sont déjà sortis. Le prêtre a beau lui promettre l'éternité, le philosophe a beau lui conseiller la résignation, le petit verre de cette eau qui brûle et le petit paquet de cette herbe qui flambe lui procurent tout de suite, sans qu'il fasse le moindre effort, ce que lui promet l'un et ce que lui conseille l'autre... Si vous regardez bien attentivement, vous verrez qu'il y a du suicide dans ce parti pris de la dernière phase, suicide lent, irrésistible, anonyme... »

CHAPITRE IX

PORTRAIT DE L'ENNUYÉ

Il y a lieu de tracer un portrait d'ensemble de l'homme atteint par l'ennui.

L'ennuyé conçu comme type est d'abord un épuisé (l'ennui s'il est insoulevable a pour fond une incurable usure); souvent son seul aspect le trahit : la lassitude de la démarche, l'immobilité et la stupeur des traits, un air de spectre, d'homme à cent pieds sous terre, étranger à ce qui l'entoure, isolé à tout jamais dans le monde des vivants[1]. Il ne prend plus part à rien; il est trop las, trop découragé, pour se mêler aux joies

1. Sainte-Beuve nous dit de Benjamin Constant : « Aucun... ne donnait plus l'idée d'un personnage usé. Je le vois encore, sur les derniers temps de la Restauration, avec son visage fin, amaigri, de jeune veillard, ses longs cheveux négligés et pendants, sa taille de peuplier, avec son pas traînant et son attitude délabrée... Benjamin Constant, un peu avant sa mort, était donc lassé, usé et archi-usé, presque éteint, et il ne se réveillait que par secousses. » — Béranger rapporte à son tour : « Constant est tellement usé, il a tellement besoin que quelqu'un l'anime et le travaille, que je lui disais que, vieux et ne pouvant plus quitter le coin de son feu, il donnerait de la tête contre le marbre de la cheminée pour se secouer. Il m'a avoué qu'il ne joue que pour cela. » *Nouveaux Lundis*, t. I, p. 428-436.

Voici maintenant ce qui nous est rapporté de l'aspect de Chateaubriand : « ... Longtemps, bien longtemps après, je devais apercevoir

ou aux tristesses des autres. Il sait que nulle passion ne peut plus naître en lui, que sa force s'en est allée, et lentement sa personnalité s'oblitère; désormais il est « n'importe qui », il devient impersonnel, anonyme; sa vie est sans objet; il a perdu son identité. Il est un indifférent pour qui rien n'a d'importance, qui porte dans son cœur le vide qu'il trouve au fond des choses et laisse tomber sur le monde un regard lointain et dédaigneux.

L'ennuyé est un obsédé du néant. Il a éprouvé l'écroulement de tout, la vanité de l'effort, l'inutilité des victoires même: il retire peu à peu son enjeu de la vie et se désintéresse de ce qui lui arrive. Maintenant le spectacle des gens affairés, le tumulte des grandes villes, les ambitions qui se démènent lui causent une sorte de répulsion et un invincible malaise. Quand donc tous seront-ils désabusés, déniaisés? L'ennui qui est en lui le produit de la désillusion, le fruit de l'analyse, lui a dessillé les yeux: il distingue nettement les chimères qui entraînent les êtres, l'aveuglement général, la folie d'aujourd'hui qui sera le remords de demain. Il entend, pour son compte, ne pas être dupe,

Chateaubriand. Ah! qu'il répondait peu à l'idée que je m'en faisais!... Il marchait incliné, l'épaule droite plus proéminente qu'il n'aurait souhaité, le front penché, la main ballante, comme écrasé par une insupportable lassitude. J'aurais à peindre l'ennui, je ne choisirais pas une autre figure. » Maxime Du Camp, *Souvenirs littéraires*, t. I, p. 65; Paris, Hachette, 1892.

La vue de Musset était tout aussi navrante. Nisard, qui lui rend visite, relate: « Il leva sur moi un œil étonné et sans regard, et me fit un de ces sourires qui entr'ouvrent la lèvre sans épanouir le visage... Au physique, comme au moral, il semblait avoir perdu la faculté de l'expression. » Désiré Nisard, *Souvenirs et Notes biographiques*, t. I, p. 403; Paris, Calmann Lévy, 1888.

et, armé d'un scepticisme à toute épreuve, il s'établit dans la sagesse; il ordonne tous ses actes en vue d'un profit sûr; il ne poursuit que les fins nécessaires; il ne se dérange que pour l'indispensable; il sait les dégoûts et les hontes que la vie réserve à ceux qui se laissent prendre à ses tentations et à ses pièges, et, la dominant, la méprisant, il se réfugie dans son indifférence et triomphe par son sourire[1].

L'ennuyé est un ironiste. Il ne prend plus rien au sérieux dans un monde qui a pour fond le néant; le but assigné à la terre étant inconnu, il y a de l'absurde dans tout acte humain; un creux sonne au centre des choses. A la vérité tout se ramène au néant, et chacun est drôle à voir dans ses gestes de pantin. Le bonheur n'existe pas, et les culbutes de ceux qui s'essoufflent à sa poursuite lui arrachent un ricanement; la société est une mêlée de carnaval où la consigne est de simuler la joie, de grimacer des airs de fête; il arrache ces masques mal attachés; il découvre partout la farce, un côté guignol, des singeries apprises; les cérémonies où l'on pontifie ne lui en imposent pas plus que les mascarades où l'on fait semblant de rire; toute cette hypocrisie l'irrite; il part de ses lèvres des mots mordants, des traits finement aiguisés, les flèches d'un esprit qui se venge; il s'excite à ce jeu et son ennui fond en sarcasmes.

L'ennuyé a besoin de s'étourdir. Il succombe à la

1. Leopardi :

Il mar, la terra e il ciel miro e sorrido.

corvée de la vie, à un écœurement abominable ; il est sans courage devant sa tâche habituelle et toute obligation l'exaspère : il fera de la joie à sa façon. Il se plaît au dédain affiché, aux propos violents, à la raillerie agaçante ; sur sa bouche se dessine un rictus fort entortillé ; il a pour aiguillon une rage secrète. Il voudra secouer, coûte que coûte, son impuissance de vivre ; dès lors, sans raison, contre toute apparence, il a des éclats inconsidérés, il machine des effets cocasses ; il est ouvrier de mystifications laborieuses, de plaisanteries déconcertantes ; dans son esprit devenu anarchique, en coquetterie avec la démence, l'idée bizarre, biscornue, est celle qui surgit la première ; il s'évade d'une conversation par des boutades, il égaie une occupation grave par des gamineries ; il se fuit lui-même dans des gambades de bouffon, dans des aventures d'insensé ; il cherche l'anéantissement dans les ivresses de la débauche, les sommeils lourds de la volupté.

L'ennuyé est un désespéré. Il est sorti de la vie vécue à la façon de la foule, dans l'automatisme et l'inconscience, la naïveté et l'illusion ; il est trop avancé dans le désenchantement, sa lassitude est trop visible pour que viennent à lui des amitiés ou des amours ; il a le sentiment d'être fini, d'être mort, et il habite à demeure le désespoir. Il affecte un ton méprisant et sa parole est provocante ; tout l'irrite, tout lui est odieux, et il abonde en traits blessants ; l'ennui l'incite à la haine. Il pèse sur tout son être un immense découragement ; ses souvenirs, la vue de sa personne lui donnent la nausée ; il tourne contre lui sa colère, son besoin de destruction ; il aura le goût du risque, des audaces périlleuses ; fanfaron de gageures téméraires, il se tuerait par plaisanterie, il brave en se jouant la mort ; il n'est pas de situation qui ne lui devienne bientôt intolérable et il demande l'oubli de vivre à des excès meurtriers.

L'ennuyé offre deux types opposés. — Il est l'agité qui croit encore au nouveau, qui exige de la vie des miracles ; tout ce qui se nomme réalité lui est en horreur, et il est l'amant des chimères ; épris d'inconnu et d'impossible, ce sont des rêves qui enflent ses voiles. Sa propre fantaisie, qui se donnera libre carrière, est ce qui le divertit davantage ; il rend les rênes à son imagination et détrône sa raison à coups de folie. — L'ennuyé est détaché de tout. Il a renoncé à l'action si vaine, il a étouffé le désir troublant ; nulle séduction n'a de prise sur lui. Un seul sentiment l'occupe : l'ennui tel qu'il l'extrait de toutes choses. Il se défend contre sa souffrance : les hommes et leur sottise innombrable voilà ses ennemis ; ses paroles sont des stylets qui les tiennent à distance ; il porte dans ses actes une sécheresse effrayante ; ses manières sont d'une simplicité cynique ; il n'attend plus rien de personne ; il semble ne plus rien prévoir capable de l'intéresser ; regardant la société comme une parade grotesque, le monde comme une éternelle banqueroute, il se félicite de sa clairvoyance et fait son bonheur de son nihilisme[1].

1. Leopardi écrit dans une lettre à Giordani : « Je me réjouis de dé-

L'ennuyé est intéressant. Il s'est essayé dans les modes les plus divers du sentir et de l'agir ; son ennui est la fatigue du rassasié, le renoncement du viveur, une riche moisson d'expériences ; il sait l'art de jouer avec la vie, de se moquer d'elle, de faire apparaître ses stratagèmes éventés ; approchez-vous de lui, gagnez sa confiance : il vous montrera son sourire caché ; quel fin critique ! quel analyste impitoyable ! nul esprit plus libre, séduisant par sa hardiesse, avec qui l'on peut tout oser. — A-t-il rompu complètement avec la vie ? est-il pour jamais insensible à ses tentations ? On se pose ces questions en l'observant. Suivez-le : vous surprendrez des combats étranges entre la lassitude et le désir ; ne garde-t-il pas sous sa torpeur des forces dissimulées ? il a des élans soudains et des défaillances inattendues ; son âme divisée, contradictoire, ne ressemble pas à sa figure ; ambigu, inquiétant, impénétrable, il amuse comme un spectacle et il est attirant comme une énigme[1].

L'ennuyé ne craint pas la mort. Il ne l'appelle pas à grands cris comme ceux qui souffrent ; il ne tremble pas devant elle, il ne s'en détourne pas avec horreur, comme ceux qui jouissent ; il l'attend, il la regarde en

couvrir de plus en plus la misère des hommes et des choses, de les toucher de la main, et d'être saisi d'un frisson glacé, à mesure que je fouille les secrets maudits et terribles de la vie ».

1. Il arrive aussi que l'ennuyé soit d'un commerce facile : « Il est aisé d'avoir de la résignation, dit Chateaubriand, de la patience, de l'obligeance générale, de la sérénité d'humeur, lorsqu'on ne prend plaisir à rien, qu'on s'ennuie de tout, qu'on répond au malheur comme au bonheur par un désespéré et désespérant : « Qu'est-ce que cela me fait ? » *Mémoires d'outre-tombe*.

face, avec une indifférence ironique. Il n'a plus rien à découvrir; il est las jusqu'à tomber par terre, écœuré jusqu'au vomissement; dès lors que lui importe mourir? Bien souvent il s'est dit qu'il se tuerait avec délices; aussi la mort lui est douce; il en savoure l'amère volupté; elle n'est pour lui ni un mystère, ni un épouvantement, mais la certitude du repos, le plaisir de s'en aller; il meurt avec une joie avouée, un contentement visible qui sont une insulte à la vie et sa suprême satisfaction.

CHAPITRE X

L'ENNUI DANS LA LITTÉRATURE

L'ennui n'a trouvé son expression en littérature qu'en des temps récents, et les premières confidences qui nous sont faites à son sujet remontent au dix-huitième siècle. S'il ne s'est pas exprimé plus tôt, c'est qu'il était dans l'âme humaine un malaise confus, non encore isolé par la réflexion et l'analyse ; et il n'avait point revêtu cette intensité douloureuse qui lui a donné conscience de lui-même.

L'homme a gémi de tout temps sur son état misérable, sans que le désespoir prît complètement possession de son cœur. Il dut reconnaître de bonne heure que ses jours sont comptés, que le mal est souvent triomphant, que nul n'échappe aux tourments de l'existence. Le pessimisme figure la systématisation de nos plaintes ; il est un jugement d'ordre général, une théorie de la vie ; on peut y adhérer tout en conservant par ailleurs un entrain robuste, le goût de l'action, l'espoir des améliorations futures [1].

1. Voir Brunetière, « La Philosophie de Schopenhauer et les conséquences du pessimisme », *Essais sur la littérature contemporaine*, 1892.

L'ennui offre un caractère différent; il a en nous ses racines, personnelles et profondes, plongeant dans la sensibilité du sujet; ses raisons dominantes se trouvant être un épuisement de la vitalité et le sentiment pratique du néant de tout, il n'admet pas le recours à l'illusion; il conclut au découragement sans remède. Mal individuel fait de fatigue et de désespérance; mal de décadence; mal aristocratique qui se développe chez ceux dont la pensée a trop de nuances et des raffinements pervers, l'ennui a parlé à son heure en littérature, quand l'homme est descendu dans son être intérieur et a reculé d'effroi devant le vide de son âme.

Le romantisme, né avec Rousseau et Chateaubriand, émancipe le moi; la Révolution émancipe l'individu; le dix-huitième siècle, qui entasse les négations et les ruines, affirme la nécessité d'un bonheur nouveau. Mme du Deffand, toute pénétrée d'incrédulité et de désespoir, analyse avec une précision cruelle l'ennui qui est sa torture. Bientôt les penseurs, les poètes, voix de leur temps, dénonceront à l'envi le mal qui s'empare de l'humanité que sa vieillesse abat.

Gœthe dira l'insuffisance de la science, les angoisses de la pensée aux prises avec l'énigme de la création (*Faust*); le conflit d'une individualité libre avec la réalité sociale (*Werther*); Chateaubriand avoue dans *René* l'immensité, la frénésie, la mélancolie infinie de son désir; Byron, Musset traduisent en chants passionnés qui sont de purs sanglots la détresse de leur cœur et les épuisements mortels de la volupté.

Que s'est-il passé? L'homme a sondé le fond des choses et a touché du doigt leur triste mécanisme; Dieu et les prestiges qui lui faisaient cortège se sont évanouis; l'égoïsme de chacun s'est ouvertement déclaré; on proclama le droit divin de la passion, le droit à la jouissance; l'infini fut ramené du ciel en terre; nous réclamons des créatures qui palpitent dans nos bras le bonheur qu'on attendait jadis de l'éternité. — Mais nos désirs nous trompent et nos forces nous trahissent; notre orgueil, un jour, a les reins cassés; nos aspirations impuissantes vont se perdre dans l'ennui.

Après les œuvres lyriques où le cœur est mis à nu, après les Confessions et les Mémoires où le moi hypertrophié s'étale prétentieusement, et qui nous livrent avec une sincérité vaniteuse le fond plus ou moins trouble des âmes, le roman sous une forme impersonnelle a été un révélateur de l'ennui. Le roman du dix-neuvième siècle, imitant les allures de la science, s'est rapproché de la réalité; il l'a jugée indigne et méprisable; il a pris à tâche de bafouer la vie qui nous trompe, de faire ressortir sa scélératesse et sa fatigante inutilité. Ainsi en va-t-il chez Flaubert et chez Maupassant, où l'ennui est directement mis en scène, et prend les formes de l'ironie cinglante, du scepticisme dédaigneux — Le roman réaliste est celui qui entreprend de nous dire toute la vérité. Il a produit au jour avec une abondance exubérante des ratés, des imbéciles, des vaincus, tous gens lamentables qui ne parviennent pas à soulever le poids de leur condamnation. Il ne fait point sa place à l'idéal et nous peint la vie comme laide, nauséabonde, absurde et bête. Sa philosophie, ou l'idée qui l'inspire, est que tout se ramène à un néant agité et à l'ennui[1].

Ceci dit, et tout en reconnaissant qu'il faut faire très large la part qui revient à l'influence de l'ennui dans les tendances nouvelles de ceux qui écrivent, il est aisé de remarquer que le mal que nous décrivons ne tient à pas beaucoup près dans la littérature la même place considérable qu'il a dans la vie de tous les jours. La raison est que l'ennui est en soi un sentiment dépourvu de variété, monocorde, analogue en cela à la douleur physique; on n'en saurait tirer une action sans abandonner sa donnée première, sa définition, qui est le dégoût d'agir; il ne se prête pas à des incarnations multiples, infinies, diverses, comme l'amour, par exemple; ses stigmates les plus saillants font se ressembler les caractères qu'il marque de sa griffe. La littérature, d'autre part, qui a pour mission de nous amuser, de passionner les imaginations, n'est pas le miroir absolument fidèle de la vie; elle est son interprète, et un art qui a ses exigences. Et peut-être l'ennui, sentiment souvent caché, enveloppé, pris dans un alliage, ne saurait être mis en lumière que par le travail patient des moralistes et des penseurs.

C'est pourquoi nous voudrions retenir ici une œuvre

1. Cette idée est notamment la thèse fondamentale du roman russe.

célèbre et peu lue, oubliée, où l'ennui forme le sujet tout entier : nous voulons parler de l'*Obermann* de Senancour.

Obermann parut en 1804, mais ce livre ne rencontra ses lecteurs et ses admirateurs qu'aux environs de 1830, quand le mal du siècle eut touché nombre d'esprits qui mesuraient, avec la disparition de l'ancien ordre de choses, l'étendue des pertes que l'âme humaine avait faites. Le héros pitoyable qui exhale dans ces pages presque autobiographiques sa lamentation continue, relève toutefois moins des événements que de lui-même. Son bêlement plaintif est le commentaire de la maxime de La Rochefoucauld : « La faiblesse est le seul défaut que l'on ne saurait corriger. » L'ennui d'Obermann a sa source dans un vice radical de sa physiologie, dans une malformation de son être[1]. Il s'agit d'un état de débilité organique à jamais irrémédiable qui le condamne à une existence imparfaite, mutilée. Obermann ne peut prétendre à une vie forte et pleine; il ne lui est pas non plus possible de se délecter dans son être intime; il ne se mêle point aux hommes; il ne prend point sa part de la commune activité. A la vérité, ses dons difficiles à utiliser sont une sensibilité exquise et une imagination ardente qui le font aspirer de tout son pouvoir au bonheur et à la découverte de son harmonie. L'intérêt du livre est dans le débat perpétuel ouvert entre

1. Obermann serait rangé aujourd'hui parmi les neurasthéniques. C'est un inachevé, un infantile, un débile incurable; un dégénéré organique (non pas un dégénéré mental).

cette impuissance qui se juge et des aspirations qui font effort avant d'abdiquer. Le douloureux problème est retourné de cent manières, scruté à l'aide d'une psychologie exercée, mais la conclusion est toujours dans le retour à l'ennui qui devient ici résignation plutôt que désespoir.

Dès les premières lignes où il s'analyse, Obermann dénonce avec une netteté sans réplique sa répugnance invincible pour la vie active : « On voulait que je fisse ce qu'il m'était impossible de faire bien ; que j'eusse un état pour son produit, que j'employasse les facultés de mon être à ce qui choque essentiellement sa nature. Aurais-je dû me plier à une condescendance momentanée ; tromper un parent en lui persuadant que j'entreprenais pour l'avenir ce que je n'aurais pu commencer qu'avec le désir de le cesser ; et vivre ainsi dans un état violent, dans une répugnance perpétuelle? Qu'il reconnaisse l'impuissance où j'étais de le satisfaire, qu'il m'excuse... Je n'ai pu renoncer à être homme, pour être homme d'affaires. »

Nul moins que lui n'est apte à faire un métier, c'est-à-dire à remplir un service public; il montre cette complexion lézardée et frêle qui rend assurément impropre à marcher à l'ordre et à porter des fardeaux ; il est un *sensitif* délicat, tourmenté, doté pour son malheur d'une sensibilité quasi maladive qui ne s'adapte volontiers ni aux conventions sociales, ni au formalisme rigoureux d'une profession : « J'interrogeai mon être, je considérai rapidement tout ce qui m'entourait; je demandai aux hommes s'ils sentaient comme moi; je demandai aux choses si elles étaient selon mes penchants, et je vis qu'il n'y avait d'accord ni entre moi et la société, ni entre mes besoins et les choses qu'elle a faites. »

Il sent bien que son incapacité de vivre a des causes profondes sur lesquelles la volonté n'a pas d'action : « J'offris successivement à mon cœur ce que les hommes cherchent dans les divers états qu'ils embrassent. Je voulus même embellir, par le prestige de l'imagination, ces objets multipliés qu'ils proposent à leurs passions, et la fin chimérique à laquelle ils consacrent leurs années. Je le voulais, je ne le pus pas. Pourquoi la terre est-elle désenchantée à mes yeux? Je ne connais point la satiété, je trouve partout le vide. »

Il rattache la flétrissure de son être à un épuisement précoce : « Vous le savez, j'ai le malheur de ne pouvoir être jeune : les longs ennuis de mes premiers ans ont apparemment détruit la séduction. Les dehors fleuris ne m'en imposent pas... Mon cœur, encore fatigué du feu d'un âge inutile, est flétri et desséché comme s'il était dans l'épuisement de l'âge refroidi. Je suis éteint, sans être calmé. Il y en a qui jouissent de leurs maux, mais pour moi tout a passé : je n'ai ni joie, ni espérance, ni repos; il ne me reste rien; je n'ai plus de larmes. »

Son bonheur sera tout intérieur : il doit le tirer de la connaissance approfondie de lui-même. « Poursuivi jusque dans le triste repos de mon apathie habituelle, forcé d'être quelque chose, je fus enfin moi-même... Je me dis : La vie réelle de l'homme est en lui-même, celle qu'il reçoit du dehors n'est qu'accidentelle et subordonnée... C'est dans l'indépendance des choses, comme dans le silence des passions que l'on peut s'étudier. Je vais choisir une retraite dans ces monts tranquilles dont la vue a frappé mon enfance... »

Mais une vie pareille, qui n'est que l'acceptation hébétée d'un sort misérable, est une triste chose : « J'ai connu l'enthousiasme des vertus difficiles; dans ma superbe erreur, je pensais remplacer tous les mobiles de la vie sociale par ce mobile aussi illusoire... L'illusion a duré près d'un mois dans sa force; un seul incident l'a dissipée. C'est alors que toute l'amertume d'une vie décolorée et fugitive vint remplir mon âme dans l'abandon du dernier prestige qui l'abusât... Quelle destinée que celle où les douleurs restent, où les plaisirs ne sont plus! Peut-être quelques jours paisibles me seront-ils donnés; mais plus de charme, plus d'ivresse, jamais un moment de pure joie; jamais! et je n'ai pas vingt et un ans! et je suis né sensible, ardent! et je n'ai jamais joui! »

Il a eu pourtant ses éclairs de jouissance, élans spasmodiques, extases convulsives de l'imagination et de la sensibilité : « Indicible sensibilité, charme et tourment de nos vaines années; vaste conscience d'une nature partout accablante et partout impénétrable, passion universelle, sagesse avancée, voluptueux abandon; tout ce qu'un cœur mortel peut contenir de besoins et d'ennuis profonds, j'ai tout senti, tout éprouvé dans cette nuit mémorable. J'ai fait un pas sinistre vers l'âge d'affaiblissement; j'ai dévoré dix années de ma vie. »

Il ne saurait soutenir de telles ardeurs, il est fait pour rêver la vie, et non pour la vivre; retiré dans son impuissance, il regarde les vivants s'agiter, comme un prisonnier voit le monde à travers les barreaux de sa prison : « De doux climats, de beaux lieux, le ciel des nuits, des sons particuliers, d'anciens souvenirs, les temps, l'occasion; une nature belle, expressive, des affections sublimes, tout a passé devant moi, tout m'appelle et tout m'abandonne. Je suis seul, les forces de mon cœur ne sont point communiquées, elles réagissent dans lui, elles attendent : me voilà dans le monde, errant, solitaire au milieu de la foule qui ne m'est rien, comme l'homme frappé, dès longtemps, d'une surdité accidentelle, et dont l'œil avide se fixe sur tous ces êtres muets qui passent et s'agitent devant lui. Il voit tout, et tout lui est refusé; il devine les sons qu'il aime, il les cherche et ne les entend pas; il souffre le silence de toutes choses au milieu du bruit du monde... Tout existe en vain devant lui, il vit seul, il est absent dans le monde vivant. »

L'ennui le tient par moments dans une agitation pénible et délirante : « Je vais dans les bois avant que le soleil éclaire, je le vois se lever pour un beau jour, je marche dans la fougère encore humide, dans les ronces... Un sentiment de ce bonheur qui était impossible m'agite avec force, me pousse et m'oppresse. Je monte, je descends, je vais comme un homme qui veut jouir ; puis un soupir, quelque humeur, et tout un jour misérable. » Et encore : « Il y a dans moi un dérangement, une sorte de délire, qui n'est pas celui des passions, qui n'est pas non plus de la folie : c'est le désordre des ennuis ; c'est la discordance qu'ils ont commencée entre moi et les choses ; c'est l'inquiétude que des besoins longtemps comprimés ont mise à la place des désirs. »

Il a reçu son mal avec la vie : la mélancolie est au cœur de son être : « Après une enfance casanière, inactive et ennuyée, si je sentais en homme à certains égards, j'étais enfant à beaucoup d'autres. Embarrassé, incertain, pressentant tout peut-être, mais ne connaissant rien, étranger à ce qui m'environnait, je n'avais d'autre caractère décidé que d'être inquiet et malheureux... Je m'ennuyais en jouissant, et je rentrais toujours triste. »

Sa plainte revêt un tour concret lorsqu'il dit : « Toujours attendre, et ne rien espérer ; toujours de l'inquiétude sans désir, et de l'agitation sans objet ; des heures constamment nulles ; des conversations où l'on parle pour placer des mots, où l'on évite de dire des choses ; des repas où on mange par excès d'ennui ; de froides parties de campagne dont on n'a jamais désiré que la fin ; des amis sans intimité ; des plaisirs pour l'apparence ; du rire pour contenter ceux qui bâillent comme vous ; et pas un sentiment de joie dans deux années ! »

Il délibère sur le suicide, et son ennui devient parfois de la colère; l'univers lui apparaît dans son horreur inexpliquée, la société dans ses mensonges et sa vanité; il e. aie des excitants (le vin, le thé), pour avoir raison de cet état abominable. L'âge survient qui apporte l'apaisement et une sorte de délivrance; il vivra par curiosité, par habitude; il ne souhaite ni ne craint la mort et il s'ingéniera à tromper le temps jusqu'au bout : « Je suis bien changé, vous dis-je. Je me rappelle que la vie m'impatientait et qu'il y a eu un moment où je la supportais comme un mal qui n'a plus que quelques mois à durer. Mais ce souvenir me paraît maintenant celui d'une chose étrangère à moi... Je ne vois pas du tout pourquoi partir, comme je ne vois pas bien pourquoi rester. Je suis las; mais, dans ma lassitude, je trouve qu'on n'est pas mal quand on se repose. La vie m'ennuie et m'amuse. Venir, s'élever, faire grand bruit, s'inquiéter de tout, mesurer l'orbite des comètes, et, après quelques jours, se coucher sous l'herbe d'un cimetière, cela me semble assez burlesque pour être vu jusqu'au bout... Je reste encore quelques heures sur la terre. Nous sommes de pauvres insensés quand nous vivons; mais nous sommes si nuls quand nous ne vivons pas! Et puis on a toujours des affaires à terminer : j'en ai maintenant une grande, je veux mesurer l'eau qui tombera ici pendant dix années... »

Ces citations suffisent pour marquer l'intérêt de ce

livre unique et donner un dessin sommaire de son héros. Obermann est le représentant sans pareil de l'ennui absolu et sans remède, fait d'impuissance qui se juge et du sentiment du néant de tout. Il n'y a nulle autre figure à lui comparer dans la fiction, et si nous cherchons dans la réalité un personnage approchant, nous aurons nommé Leopardi. Le poète italien, victime d'une destinée atroce, profère cette même plainte perçante et désespérée ; il établit, sans recours possible, la souveraineté de l'« infélicité » et de l'ennui, et nous enseigne, avec une conviction redoutable, que le secret de ce monde est le néant.

CHAPITRE XI

LES REMÈDES DE L'ENNUI

Il importe de combattre l'ennui, de ne point s'en laisser accabler. L'ennui est une souffrance, la paralysie de nos facultés, une langueur nuisible, un froid au cœur : vivre dans l'ennui, c'est se sentir glacé, être éteint, n'être plus en état de faire œuvre qui vaille ; comment combattrons-nous l'ennui?

Le remède de l'ennui peut se désigner d'un mot : le bonheur. Mais il a toujours été téméraire de disserter sur le bonheur, qui ne se définit pas. La réussite d'une existence est chose toute personnelle. Nous nous contenterons, à cet égard, d'indications générales, puis nous reprendrons brièvement les principales catégories de l'ennui.

L'ennui a ses causes organiques : mais l'on peut être vaillant et bien portant et trouver d'autre part que la vie est absurde, que notre besogne manque d'agrément, que ce monde manque d'explication. Situé à une autre profondeur que la tristesse ou que la mélancolie, l'ennui qui a sa source dans la pensée est le sentiment de l'insuffisance de la vie, la constatation de son néant. Quand il se présente avec de tels titres, il est fondé, légitime : il n'y a pas d'arguments à faire valoir contre lui. L'ennui est aussi le sentiment de la monotonie, de la lenteur de la vie ; il accuse ses répétitions peu déguisées; sa platitude nécessaire : il sera difficile encore de ne pas lui donner raison [1]. Schopenhauer veut qu'on prémunisse les jeunes gens contre cette illusion « qu'il y a grand'chose à touver dans le monde ».

L'ennui qui se définit ainsi est, à vrai dire, d'ordre métaphysique, et il est peu de gens qui soient capables de le concevoir sous cette forme quintessenciée et qui en ressentent vivement les souffrances. Nous saurons qu'il faut lui faire sa part, qui est quelquefois la part du lion, ne pas entrer en vaines révoltes contre l'inévitable [2].

Ces concessions une fois faites à un mal qui est une partie de notre destinée, nous devons prévenir tout ce qui fortifierait sa domination.

La lutte contre l'ennui a pour auxiliaire un art difficile, l'art de vivre, ou, à son défaut, la science de la vie.

L'art de vivre a un précepte premier et fondamental qui est la connaissance de soi-même [3]. Celui qui se connaît lui-même ne sera ni le jouet des vains désirs,

1. Bossuet : « C'est la maladie de la nature... O Dieu, que le temps est long, qu'il est pesant, qu'il est assommant! L'ennui que sainte Thérèse a de la vie... La persécution de cet inexorable ennui qui fait le fond de la vie humaine... »

2. La résignation à l'inévitable est la vraie philosophie de la vie. Se reporter à l'exemple que donnent les maris trompés : quatre-vingt-dix-neuf sur cent se résignent: un seul se révolte.

3. La connaissance de soi-même requiert un travail d'esprit formidable et on a chance d'être atteint par la mort, avant d'en être venu à bout. L'instinct est ce qui guide les hommes.

ni la victime des erreurs mortelles; il s'accepte tel qu'il est et se tient avec bonne humeur aux ordres du destin.

L'art de vivre exige que nous soyons d'accord avec la vie, que nous ayons son intelligence complète. Nous donnerons à nos facultés toute la culture dont elles sont susceptibles. L'esprit vaut par lui-même : il mène à éluder bien des sortes d'ennui ; il porte le sujet au plus haut degré du bonheur qui est de comprendre le monde et d'en jouir continuellement.

La vie peut-elle aller sans la participation du cœur? Il ne le semble pas. C'est un sot calcul que l'égoïsme; d'ailleurs, personne ne s'y tient. Avec des approches prudentes, on cherche à aimer, à se faire aimer. Vivons par le sentiment sans critiquer de trop près ses fantasmagories et ses complaisances. Les « êtres chers » trompent comme le reste ; mais qu'est-ce qui ne trompe pas dans un monde où tout nous échappe? Du moins, à vivre dans autrui, on est sorti de soi, on a élargi son âme, on a fait reculer l'ennui.

Pour vaincre l'ennui, il est bon d'obéir à un devoir, de se dévouer à un idéal. En tous les temps, il y eut une « bonne cause » à servir[1]. A s'intéresser aux *idées*, à se tenir dans le courant général, on rompt avec la médiocrité du sort individuel, on s'élève au-dessus des tristesses du labeur journalier[2].

1. Chacun prend la « bonne cause » où bon lui semble : mais on est sûr de ne pas se tromper si l'on dit que l'idée de patrie est celle à laquelle tous doivent se rallier, et qui doit être servie jusqu'à la mort.

2. Ceux qui vivent, ce sont ceux qui luttent, ce sont
Ceux dont un dessein ferme emplit l'âme et le front,

Au surplus, ces remèdes ou palliatifs de l'ennui peuvent s'indiquer de bien des façons. « L'ennui, dit Alfred de Vigny, est la maladie de la vie ; pour le guérir, il suffit de peu de chose : aimer et vouloir. C'est ce qui manque le plus généralement. Et, pourtant, il suffit d'aimer quelque chose, n'importe quoi, ou de vouloir avec suite un événement quelconque, pour être en goût de vivre et s'y maintenir quelques années. » Mme Swetchine écrit : « J'ai souvent pensé que c'était par le cœur qu'on ne s'ennuyait jamais ; les deux héros de l'ennui, M. de Chateaubriand et Benjamin Constant, m'ayant mise sur la voie de cette vérité, que ce n'est pas l'esprit qui sauve d'un tel mal. »

Arrivons maintenant à parler des catégories diverses de l'ennui, si tant est qu'on puisse avoir la prétention d'assigner des remèdes pour des cas innombrables et qui sont la complexité même.

L'ennui par épuisement nous a particulièrement préoccupé. Le remède de l'épuisement vrai, c'est le repos. Quand il n'atteint pas une gravité extrême, l'épuisement commande le changement d'occupation, un renversement d'orientation. C'est le cas de ceux qui

> Ceux qui d'un haut destin gravissent l'âpre cime,
> Ceux qui marchent pensifs, épris d'un but sublime,
> Ayant devant les yeux sans cesse, nuit et jour,
> Ou quelque saint labeur ou quelque grand amour.
> C'est le prophète saint prosterné devant l'arche,
> C'est le travailleur, pâtre, ouvrier, patriarche,
> Ceux dont le cœur est bon, ceux dont les jours sont pleins.
> Ceux-là vivent, Seigneur ! — les autres, je les plains.
> Car de son vague ennui le néant les enivre,
> Car le plus lourd fardeau, c'est d'exister sans vivre.
>
> Victor Hugo (*Châtiments*, IV, IX).

s'ennuient pour ne connaître qu'un seul train de vie, qu'une forme d'esprit qu'ils ont trop exploitée. Ils passent au pôle contraire. Alors se produisent des attitudes nouvelles qui les amusent, au moins comme un changement d'habit. Le philosophe, qui ne savait que la logique et l'abstraction, quitte un jour ces landes grises et rentre dans la vie à sa manière en écrivant des Apocalypses et des poèmes ; le sensuel aux sens abolis se fait sentimental et rêveur jusqu'au ridicule, l'amant idéaliste renie l'amour unique et découvre le monde infini des femmes. Mme du Deffand, héroïne de l'ennui, parvenue à la vieillesse, n'a-t-elle pas trouvé dans son cœur usé les éléments d'une affection romanesque et quasi délirante ? « Qui le croirait, dit Scherer dans l'article déjà cité, qui le croirait ? dans le cœur de cette septuagénaire misanthrope, désolée, desséchée, nous allons voir, à la dernière heure, fleurir une subite et romanesque affection. »

Qu'avons-nous fait en apportant ces exemples ? Nous avons voulu dire que l'esprit a des ressources cachées et des protestations inattendues, et son épuisement, si profond qu'il paraisse, n'est pas toujours sans remède.

Passant à l'ennui par monotonie nous rappellerons la place considérable qu'il tient dans notre existence. La monotonie a ses droits. Et ce qui vaut mieux : la monotonie comprend la douceur des habitudes, le goût de la stabilité, le charme des horizons étroits : uniformité d'une vie choisie, elle est une des conditions du bonheur. Chateaubriand fait dire à René : « Je sens que j'aime la monotonie des sentiments de la vie, et si j'avais encore la folie de croire au bonheur, je le chercherais dans l'habitude ». « Pour la plupart des hommes, écrit Scherer, l'uniformité engendre l'ennui, c'est-à-dire le plus grand des malheurs. Pour l'homme heureux, l'uniformité n'est autre chose que la durée du même bonheur. » Schopenhauer nous dit : « Plus notre cercle de vision, d'action et de contact est étroit, plus nous sommes heureux ; plus il est vaste, plus nous nous trouvons tourmentés ou inquiétés... Nous trouverons du bonheur dans la plus grande *simplicité* possible de nos relations et même dans l'*uniformité* du genre de vie tant que cette uniformité n'engendrera pas l'ennui. »

Mais on regimbe contre la monotonie lorsque son joug devient lourd et qu'elle produit de l'ennui. Une vie qui a son unité intérieure, sa direction soutenue, manifeste une force constante, implique le don de soi à une idée dominatrice : il ne résulte de sa sévérité apparente ni monotonie ni ennui. Cependant chacun incidente et varie sa journée à sa façon, se permet des « distractions » et des friandises. La « distraction », avec sa vulgarité et ses hasards, a son moment, sa fatalité : elle est le *passe-temps* sur lequel il ne faut pas appuyer.

Le sentiment de la monotonie a souvent pour raison profonde la paresse de notre esprit qui est sans mouvement, sans renouvellement. Il est bon de le redire ; c'est par la culture patiente et méthodique de nos facultés que nous multiplierons notre âme, et nous aurons de ce fait plusieurs existences. L'univers est infini: soyons le miroir de l'univers. L'intelligence nous rend dignes de la variété de la vie et nous fait découvrir de nouveaux mondes[1]. — D'autre part regardons: quelle civilisation riche et touffue que la nôtre! la terre est saturée d'histoire qui est notre enseignement, et les anciennes idoles sont à bas; l'homme, successeur de Dieu, devient plus grand, et il est vraiment le Dieu de ce monde; il est le maître de la planète; il a cessé de trembler devant les forces inconnues qui courbaient ses ancêtres: jamais il n'eut plus d'intelligence, et aussi plus d'esprit; quelle assurance! quelle impertinence de parvenu émancipé! mais voilà qu'il est atteint de l'ennui des penseurs et des dieux...

Le sentiment du néant de la vie est pénible à soutenir, quand il est le sentiment de notre propre néant. Un beau jour, après bien des expériences et des comparaisons, nous apercevons avec une évidence outrageante l'insignifiance et la banalité de notre individu. Or, le monde s'écroule, si nous n'en sommes plus le centre; la terre est fade, quand nous n'en sommes plus le sel. On s'ennuie dès qu'on ne se prend plus

1. Nietzsche glorifie ainsi l'intelligence: « *Accroissement de l'intéressant.* — Dans le progrès de la culture, tout devient intéressant pour l'homme, il sait rapidement trouver le côté instructif d'une chose et saisir le point où elle peut combler une lacune de sa pensée ou confirmer une de ses idées. Ainsi disparait de jour en jour l'ennui, ainsi aussi l'excitabilité excessive du cœur. Il finit par circuler parmi les hommes comme un naturaliste parmi les plantes, et par s'observer lui-même comme un phénomène qui n'excite fortement que son instinct de connaître. » *Humain, trop humain*, p. 280; traduction Desrousseaux.

pour un être unique pour un grand homme, fût-il de l'espèce des méconnus[1].

Que faire contre cette désagréable clairvoyance? Acceptons d'être débarrassés de notre orgueil qui était sot, et souvent nous égara ; il est dur sans doute de vivre diminué de son panache, de tout ce que l'imagination ajoutait à notre taille. Afin de nous grandir, devenons les chevaliers sublimes d'une folle aventure, faisons figure de héros, et notre personne qui s'était rapetissée nous paraîtra recouvrer des dimensions imposantes.

Le sentiment du néant de la vie enferme toutes les vipères de la pensée : l'inutilité de vivre, l'impossibilité d'atteindre le bonheur, le dégoût qui nous prend devant l'égoïsme et l'imbécillité de tous. Il augmente avec l'âge qui nous détrompe et nous désillusionne, car la vérité est triste. Il se produit alors un ennui insurmontable qui nous suit partout et nous étreint à la faveur de nos moindres réflexions. Comment lui échapperons-nous ? Ah! cette fois, si nous sommes sûrs que la vie est vaine, nous porterons la hache à la racine du désir; réfugions-nous dans le dédain transcendant! et si notre cœur est brisé, et que nous soyons sans goût à notre besogne écœurante, il nous reste l'ironie vengeresse qui se traduit dans le peuple par des mots orduriers ; chez les gens d'esprit, par le sarcasme étincelant.

1. « Les médiocres, dit M. J. Bourdeau, n'apercevant pas leurs imperfections, s'estiment solennellement. L'homme le plus heureux est celui qui s'admire lui-même ; et ce n'est pas sans apparence de raison que l'on considère les gens les plus bornés comme les plus accessibles au bonheur. »

L'ennui provenant du dégoût de la vie peut avoir sa source à une autre profondeur, à savoir dans le désespoir des sentiments trahis, dans l'usure complète du corps et de l'âme. C'est là un ennui sans remède et qui se complaît dans la consolation suprême de l'homme, la pensée de la mort. La mort a ses poètes, ses amants, ses adorateurs passionnés ; on lui fait des avances, on lui donne des gages, on entre en coquetterie avec elle. Beaucoup ne supportent la vie qu'en escomptant la douceur de l'heure dernière ; ou vivent sous le couvert de ce rêve : le suicide prochain, aux préparatifs délicieux.

Si, en terminant cette longue étude, nous nous demandons quel sera l'avenir de l'ennui, il nous sera aisé de répondre.

L'ennui ira toujours en augmentant et s'opposera au triomphe final du bien. Qu'il ait pour noms le mécontentement, le désir, le caprice, il bouleversera perpétuellement la terre et remettra tout en question. Il empêchera que rien ne s'achève et n'atteigne l'équilibre parfait. Longtemps encore l'homme qui dira : Je m'ennuie ! cherchera une diversion dans les férocités de l'égoïsme, dans les passions, le vice, les impulsions non surveillées. L'ennui, qui est l'aiguillon qui précipite la course de ce monde, ne sera jamais émoussé.

TABLE DES MATIÈRES

Pages.

PREMIÈRE PARTIE

DEUXIÈME PARTIE

TOURS. — IMP. DESLIS FRÈRES ET Cie, 6, RUE GAMBETTA.

www.ingramcontent.com/pod-product-compliance
Ingram Content Group UK Ltd.
Pitfield, Milton Keynes, MK11 3LW, UK
UKHW012017240726
13965UKWH00002B/424

9 782012 822313